빅 아이디어 설교

THE BIG IDEA
OF BIBLICAL PREACHING

in Honor of Haddon W. Robinson

Copyright © 1998 by Keith Willhite and Scott Gibson, eds.
Originally published in English under the title
The Big Idea of Biblical Preaching
By Baker Books,
A division of Baker Book House Company,
Grand Rapids, Michigan, 49516, U. S. A.
All rights reserved.

Translated by permission of Baker Book House
through the arrangement of Korea Christian Book Service

Korean Edition © 1999 by Timothy Publishing House
Kwan-Ak P.O.Box 16, Seoul, Korea

이 책의 한국어판 저작권은 Baker Books와의 독점판권 계약에 의해
도서출판 디모데에 있습니다. 저작권법에 의하여 한국 내에서 보호를 받는 저작물이므로
무단 전재와 무단 복제를 금합니다.

성경과 사람을 정확하게 연결하는 설교법
빅 아이디어 설교

키이스 윌하이트 & 스콧 깁슨 편저 | 이용주 옮김

해돈 로빈슨을 기념하며

서문과 헌정 ___ 6

빅 아이디어 설교 I. 단일 개념이 큰 효과를 나타내는 이유

 01___ 총탄 vs 산탄 _____ 13
   무엇이 중심 사상 설교를 만드는가? ｜ 키이스 윌하이트(Keith Willhite)

 02___ 적용적이며 상황에 맞는 성경적인 설교 _____ 29
   ｜ 스콧 A. 웨니그(Scott A. Wenig)

빅 아이디어 설교 II. 그 성경적이고 신학적인 힘

 03___ 중심 사상 설교를 위한 구약의 해석 문제들 _____ 51
   문제가 되는 자료들, 시적 표현들과 구약 설교하기, 잠언 26장 1-12절의
   강해 ｜ 브루스 월키(Bruce Waltke)

 04___ 중심 사상 설교를 위한 신약의 도전 과제들 _____ 69
   ｜ 듀안 릿핀(Duane Litfin)

 05___ 그 이야기에 정말로 하나의 중심 사상이 존재하는가? ___ 89
   ｜ 폴 보든(Paul Borden)

 06___ 문화와 하위 문화에 대한 중심 사상 설교하기 _____ 109
   문화를 주석하는 것에 관하여 ｜ 테리 마팅글리(Terry Mattingly)

 07___ 중심 사상과 신학의 대주제 _____ 131
   ｜ 브루스 L. 쉘리(Bruce L. Shelly)

빅 아이디어 설교 III. 요점을 전달하기

08 ── 줄거리에 충실하기 ─────────────── 151
중심 사상 설교의 전개 흐름 ｜ 도날드 R. 스누키안(Donald R. Snukjian)

09 ── 변화를 위한 설교 ─────────────── 169
｜ 조셉 M. 스토웰 3세(Joseph M. Stowell III)

10 ── 중심 사상을 구상화하기 ─────────── 197
빼앗기보다는 지원하기 ｜ 존 W. 리드(John W. Reed)

11 ── 철학 vs 방법 ──────────────── 219
중심 사상 설교의 적응성 ｜ 스콧 M. 깁슨(Scott M. Gibson)

| 서문과 헌정 |

　해돈 로빈슨(Haddon W. Robinson)은 북미에 있는 세 곳의 신학교에서 40년 넘게 신학을 가르치면서 설교자들이 성경 말씀에 내재되어 있는 중요 관념들을 정확히 전달할 수 있는 방법을 제시해왔다. 이 책은 설교학 분야에서 큰 공헌을 한 그의 업적을 기리기 위해 쓰여졌다. 그가 설교학 분야에 남긴 성과는 주말마다 안락의자나 일렬로 늘어선 의자에 앉아서 설교를 듣는 많은 성도들만으로도 충분히 증명된다. 이 책에 글을 실은 우리 모두는 로빈슨으로부터 가르침을 받은 것에 대한 순수한 감사의 표시로 이 책을 헌정한다. 우리는 그를 '위대한 스승' '동료' 그리고 '친구'로 부를 수 있다는 것을 큰 특권으로 생각한다.

　로빈슨은 현재 매사추세츠 주 남부 해밀톤 시에 있는 고든 콘웰 신학교의 석좌 교수로 재직하고 있다. 레슬리 키록(Leslie R. Keylock)은 1986년 12월에 발간된 「무디(Moody)」에서, 복음주의 설교학을 가르치고 있는 교수들에게 그 분야에서 가장 뛰어난 교수가 누구인가에 대해 설문 조사한 것을 인용한 바 있다. 여기서 어떤 다른 이름보다도 로빈슨이라는 이름이 가장 많이 언급되었다.[1]

　해돈 로빈슨은 뉴욕 시 할렘가에 있는 마우스타운(Mousetown)에서 성장

---

1. Leslie R. Keylock, "Evangelical Leaders You Should Know: Meet Haddon W. Robinson," Moody, December 1986, 71-72. 이 서문은 Keylock의 논문과 밀접하게 연관되어 있다.

하였다. 그는 어린 시절에 이미 악, 부도덕 그리고 폭력이 어떤 것인가를 너무나 잘 알고 있었다. 그리고 많은 친구들이 범죄로 물든 생활을 하며 단명하는 것을 지켜보았다. 이러한 환경에도 불구하고 로빈슨이 타락의 길로 빠져들지 않았던 중요한 이유는, 그가 독실한 기독교 가정에서 성장했다는 것이다.

어머니가 어렸을 때 돌아가셨음에도 불구하고, 아버지에 대한 그의 기억들은 긍정적이다. 그의 아버지는 '의로운 사람' 이었다.[2] 그러나 아버지는 장시간 집을 비웠고 어린 로빈슨은 자신이 바로 '혼자 집에 남아 아버지가 돌아올 때까지 집을 지키는 아이' 라는 것을 깨달았다.

로빈슨은 유년 시절 10년 동안 장로교회의 헌신적인 주일학교 선생님인 존 미가트(John Mygatt)로부터 많은 영향을 받았는데, 그는 예수 그리스도의 사랑을 가지고 온 정성을 다하여 학생들을 가르친 참 그리스도인이었다. 로빈슨은 "그 당시 나는 기독교 신앙에 관하여 생각하는 것에는 관심이 없었고, 오히려 지루하게 느꼈었다. 존 선생님이 지닌 특별한 점은 재미있는 주일학교 수업을 미리 준비하셨다는 것이다"라고 언급했다.[3]

로빈슨은 자신이 변화된 정확한 날짜를 기억하지는 못하지만, 유년 시절 10년 중 어느 시점에 불신자에서 신앙인으로 변화되었다고 기억하고 있다. 그가 신앙인으로 변화된 직후에 해리 아이언사이드(Harry Ironside) 박사가 그 도시를 방문했다. 어린 로빈슨은 일기에 다음과 같이 적었다. "어떤 설교자들은 20분 동안 설교를 해도 1시간처럼 느껴지는데, 그 분은 1시간 동안 설교를 하셨는데도 20분처럼 느껴졌다. 나는 그 차이가 무엇인지 궁금하다." 그는 그 문제에 대한 해답을 발견하는 데 자신의 평생을 바쳤다. 겨우

---

2. 같은 책, 72.
3. 같은 책, 같은 쪽.

16세의 나이로 그는 남부 캐롤라이나 주 그린빌에 있는 본 존스 대학에 입학하기 위하여 뉴욕을 떠났다. 그는 금요일 저녁에는 도서관에서 설교에 관한 책들과 설교집들을 읽으면서 시간을 보내곤 했다. 그리고 교회에서 뛰어난 설교자들의 설교를 듣고 자신도 설교자가 되기로 결심하였다. 졸업 전에 그는 요한복음 3장 16절에 관한 설교로 최우수 설교자 상을 받았다.

그 후에 로빈슨은 텍사스 주에 있는 달라스 신학교의 신학생이 되었는데, 그 신학교에 입학하기 위해 텍사스로 가기 전 대학 시절 연인이었던 보니 비크(Bonnie Vick)와 결혼하였다.

1950년대 초에 설교학은 달라스 신학교에서는 거의 들어볼 수 없던 과목이었다. 로빈슨이 4학년이 되었을 때 몇몇 동료가 연설과 설교에 관하여 비공식적인 수업을 해줄 것을 요청해왔다. 로빈슨은 "나는 친구들이 그 수업에서 무엇을 얻었는지는 잘 알지 못하지만, 적어도 나에게는 귀중한 경험이었다"라고 말한다.

로빈슨은 1955년에 달라스 신학교를 졸업하면서 복음 전도자가 되기로 결심하였다. 그러나 그 당시 로빈슨에게는 비키(Vicki)라는 딸이 하나 있었다. 그래서 오레곤 주 메드포드에 있는 제일침례교회(First Baptist Church)의 부목사로 초청받았을 때, 그 제의를 받아들였다. 그 교회에서 시무한 지 얼마 되지 않았을 때, 달라스 신학교로부터 설교학을 강의해달라는 제의를 받았다. 그 이후로 지금까지 그는 설교에 관하여 가르치는 데 그의 일생을 바쳐왔다. 또한 달라스 신학교에서 19년 동안 교수로 재직하면서, 목회자 협의회 의장도 겸하였다. 그는 새로운 가르침을 위해 부수적인 교육이 필요하였고, 그 때문에 1960년까지 남부 감리교 대학에서 사회학과 언어학 석사학위를 받았다.

1997년에 로빈슨은 덴버 보수 침례신학교의 학장이 되었다. 설교학을 가르치려는 강렬한 욕구 때문에 성경 해석학 강좌에 커뮤니케이션과 설교를 조화시킨 설교학도 가르쳤다. 학생들은 해석학 강좌에서 성경을 주석하는 방법을 배우고 설교를 통하여 그것을 숙련시켰다. 새로운 강좌들은 성경의 다양한 부분을 가지고 설교하는 방법과 함께 배운 것을 실생활에 적용하는 방법을 강조하였다. 로빈슨은 교수 겸 학장으로서 예비 목회자들이 올바른 성경적 설교자가 되도록 가르치는 데 최선을 다하였다.

1980년에 로빈슨의 「성경적인 설교: 강해 설교의 전개와 전달(Biblical Preaching : The Development and Delivery of Expository Message)」이 베이커 출판사에서 출간되었다. 18년 동안 많은 신학교들과 성경대학들이 이 책을 주요한 설교학 교재로 이용해왔다. 1991년에 로빈슨은 덴버 신학교의 학장직을 사임하고 고든 콘웰 신학교에서 설교학 석좌 교수직을 맡았다. 설교와 가르침과 저술을 통하여 로빈슨은 복음주의적인 설교학 분야를 선도해왔다. 이 책의 편집자들과 기고가들은 이 책을 로빈슨에게 헌정하는 것을 기쁘게 생각하며, 그의 삶과 사역으로 인하여 하나님께 감사드린다.

The Big Idea of Biblical Preaching

빅 아이디어 설교 I. 단일 개념이 큰 효과를 나타내는 이유

01_ 총탄 vs 산탄

02_ 적용적이며 상황에 맞는 성경적인 설교

키이스 윌하이트(Keith Willhite)

달라스 신학교의 목회 신학과 부교수이자 목회학 박사 과정의 책임자이다. 그는 커뮤니케이션과 설교를 가르치고 있다. 그는 텍사스 주, 인디애나 주, 미시간 주에서 10년 동안 목회를 하였다. 그는 달라스 신학교에서 석사학위(Th. M.)를, 그리고 퍼듀 대학교에서 커뮤니케이션 전공으로 철학 박사학위(Ph. D.)를 받았다.

총탄 vs 산탄
무엇이 중심 사상 설교를 만드는가?

키이스 윌하이트(Keith Willhite)

로빈슨은 "설교는 산탄(buckshot)이 아니라 총탄(bullet)이어야 한다"고 자신의 저서인 「성경적인 설교(The Biblical Preaching)」에서 기술하고 있다.[1] 이 책이 1980년에 출간된 이후에, 많은 강해 설교자들과 설교학자들이 단일한 설교 개념, 주제, 혹은 논제를 전개하는 것이 강해 설교를 하는 데 있어서 가장 훌륭한 방법이라는 주장을 폈다. 나는 이러한 주장이 옳다고 확신하기 때문에 전술되어진 관점에서 이 글을 쓸 수 있었다. 그리고 보다 중요한 것은 단일 주제를 가지고 설교하는 것이 설교에 있어서 가장 훌륭한 방법이라는 것에 내가 확신을 가지고 있다는 것이다. 강의 중에 내가 이러한 확신을 피력했을 때, 신중하지 못한 학생들(비판적인 사고를 가진 학생들)이 그 이유가 무엇인지에 대해 물었다. 그 질문이 나의 생각과 가르침을 더욱 명확하게 만들었기 때문에, 나는 그 질문을 매우 만족해한다. 석·박사 과정에 있는 학생들과 토론하면서 그 질문에 대한 답을 연구했는데, 두 가닥의 주요한 증거를 토대로 그 답은 명확해진다.

---

1. Haddon W. Robinson, Biblical Preaching: The Development and Delivery of Expository messages (Grand Rapids: Baker, 1980), 33.

〈표 1〉은 이 장에서 다루어질 논점에 관한 청사진을 제시하고 있는데, 그것은 이 책에 대한 전제를 차례로 보여주고 있다.

주장	설교에서 단일 개념을 전개하는 것이 설교하기 위한, 또는 적어도 설교하는 것을 배우기 위한 가장 훌륭한 방법이다.
증거(이유)	설교에서 단일 개념이나 단일 주제를 전개하는 것은 복음주의적인 해석의 의무에서 비롯된 것이다.
증거	설교할 때 단일 개념이나 단일 주제를 전개하는 것은 장기간 수용되어온 수사학 이론과 관행으로부터 비롯된 것이다.

〈표 1〉

물론 나는 모든 복음주의자들이 성경 해석학에 관하여 동일하게 생각할 것을 강요하지는 않는다.[2] 그럼에도 불구하고 우리가 해석학에서 공유하는 본질적인 의무들로부터 주제별 강해 설교의 관행이 발생한다.

해석학에서 필요로 하는 본질적인 의무들은 다음과 같다. (1) 설교를 위하여 성경에 관한 높은 차원의 시각을 가져야 한다. (2) '예수께서 가라사대'를 쓰는 유일한 방법은 성경이 말하는 것을 말하는 것이다. (3) 강해 설교는 본문에 관하여 분석하고 종합하는 과정을 필요로 함으로 성경을 주석하거나 해석하는 절차를 반드시 거쳐야 한다. (4) 강해 설교는 본문 중심적이면서 성도 중심적이다. 주제별 강해 설교의 발생 원인으로 설명한 이러한 의무들에 대한 정의는 다음과 같다.

---

2. Cf. Raymond Bailey, ed., Hermeneutics for Preaching: Approaches to Contemporary Interpretations of Scripture. (Nashville: Broadman, 1992); D. A. Carson, Biblical Interpretation and the Church: The Problem of Contextualization(Nashville: Thomas Nelson, 1984); Elliott E. Johnson, Expository Hermeneutics: An introduction(Grand Rapids: Zondervan, 1990); William W. Klein, Craig L. Blomberg, and Robert L. Hubbard, Introduction to Biblical Interpretation(Dallas: Word, 1993); and Grant R. Osborne, The Hermeneutical Spiral: A Comprehensive Introduction to Biblical Interpretation(Downers Grove: Intervarsity, 1991).

복음주의적 해석학의 의무

나는 두 가지 이유로 '가정'(assumption)보다는 '의무'(commitments)라는 용어를 선택하였다. 첫째로, 이 의무들을 가정하기보다는 오히려 논의하려고 의도하였기 때문이었고, 둘째는, '의무'란 용어가 성경적인 설교자들이 이러한 문제들에 대해 가져야 하는 용납의 정도를 반영하는 것처럼 보였기 때문이다. 가정과 의무의 차이는 '지나가는 여자'를 포옹하는 것과 방금 결혼에 동의한 여자를 포옹하는 것의 차이와 같다. 그러므로 우리가 너무 많은 것을 가정하지 않기 위하여 우리가 성경을 바라보는 시각에 관해서까지도 가장 기본적인 이러한 의무들에 대해 기술하고자 한다.

성경에 관한 차원 높은 시각_____ 복음주의자들은 성경은 하나님의 말씀이고 영원한 권위와 타당성을 가지고 있다는 것을 사람들에게 믿게 할 의도로 성경에 관해 높은 차원의 시각을 갖는다. 성경은 시대나 문화를 불문하고 모든 사람들에게 권위를 가지고 이야기한다. 물론 하나님은 인간의 역사에 나타나는 사건들과 상황들을 통하여 그의 말씀을 기록하는 방법을 선택하셨다. '영속적인 관련성을 지닌 인간 역사'[3]의 뒤얽힘 속에서 해석에 대한 필요성이 생겨나게 된다. 그러므로 복음주의자인 우리는 해석하는 작업이 역사 탐구에 제한된다는 것을 믿지 않는다. 마찬가지로 역사성과 분리된 영원성을 배제할 수도 없다. 성경에 관한 높은 차원의 시각을 갖는 사람들에게 공통 분모가 되는 권위는 이러한 연관성 속에 존재한다. "우리는 기록된 하나님의 말씀으로서 구약성경과 신약성경이 완전한 진리임과 최고의 그리고 궁극적인 권위를 가지고 있음을 확언한다. 하나님의 말씀에

---

3. Gordon D. Fee and Douglas Stuart, How to Read the Bible for All Its Worth(Grand Rapids: Zondervan, 1993), 16-17.

대한 적절한 반응은 겸허하게 인정하고 순종하는 것뿐이다."[4] 오스본(Osborne)을 따라서[5], 나는 아크테미에(Achtemeier)[6]의 아주 동적인 모델보다는 오히려 신중한 뉘앙스를 풍기는 정확한 형태의[7] 모델을 선택했다. 아크테미에는 영감을 받은 대로 후기 공동체들과 교회법의 결정에 따라 추가된 의미들을 포함시켰다. 이런 간결한 기술의 목적은 위의 정의들의 뉘앙스나 한계를 논의하고자 하는 것이 아니고, 하나님 말씀으로서의 성경 본문에 대한 의무들을 확고히 하는 것에 있다. 복음주의 신학에서 확고하게 주장하는 바와 같이, 데이비드 웰스(David Wells)는 성경의 권위에 대한 짧지만 상당히 호소력 있는 글을 썼다.[8] 설교에 있어서 이러한 의무는 우리가 성경에 쓰여져 있는 것을 하나님의 말씀으로 받아들이는 것을 의미한다. 우리는 성경에 쓰여져 있는 "모든 성경은 하나님의 감동으로 된 것으로 교훈과 책망과 바르게 함과 의로 교육하기에 유익하니 이는 하나님의 사람으로 온전케 하며 모든 선한 일을 행하기에 온전케 하려 함이니라"(딤후 3:16-17)는 말씀을 믿는다. 연관지어 생각하면 성경적인 설교는 교훈과 책망과 바르게 함과 의로 교육하기에 유익하다. 바울이 그 당시에 이미 존재하고 있던 구약성경을 가지고 응용해서 글을 썼을지라도, 우리는 모든 성경책이 우리 안에서 선한 일을 행하는 데 참으로 소중하다는 것을 믿는다. 그렇다고 해서 이 말이 모든 성경책이 동등한 가치를 지녔다거나, 혹은 동일한 목적을 위하여 동일한 가치를 지녔다거나, 시대나 상황에 상관없이 동일한 가치를 지녔다

---

4. Kenneth S. Kantzer and Carl F. H. Henry, Evangelical Affirmations(Grand Rapids: Zondervan, 1990), 32.
5. Grant R. Osborne, The Hermeneutical Spiral: A Comprehensive Introduction to Biblical Interpretation(Downers Grove: InterVarsity, 1991), 8.
6. Paul J. Achtemeier, The Inspiration of Scripture: Problems and Proposals(Philadelphia: Westminster, 1980).
7. Paul Feinberg, "The Meaning of Inerrancy," in Inerrancy, ed. Norman Geisler(Grand Rapids: Zondervan, 1979), 267-304.
8. David Wells, "Word and World: Biblical Authority and the Quandary of Modernity," in Evangelical Affirmations, ed. Kenneth S. Kantzer and Carl F. H. Henry(Grand Rapids: Zondervan, 1990), 153-75.

는 것을 의미하는 것은 아니다. 그러나 우리는 설교의 권위가 성경에서 비롯된다는 것을 확인할 수 있다. 이 점은 두번째 해석학적인 의무에 대하여 논할 때 더욱더 명백해질 것이다.

성경이 말하는 것을 말하라_____ 우리가 설교를 위하여 설교에 관한 고차원적인 시각을 갖는다면, 틀림없이 성경을 정확히 표현하기를 원할 것이다. '예수께서 가라사대'를 말하는 유일한 방법이 성경에 쓰여져 있는 것을 말하는 것이라는 복음주의적 태도가 밀접하게 연관되어 있다. 이와 다른 설교는 성경적이라고 말할 수 없다. 주제 또는 중심 사상 설교의 옹호자인 나는 모든 설교들이 지향하여야 할 유일한 모형이 있다는 것을 믿지 않는다. 주제 설교는 구조에 충실한 진부한 방법의 설교보다는 훨씬 더 철학적이다. 강해 설교는 많은 형태와 형식들에서 나타나지만, 강해만이 철학적 핵심에서 성경적 설교이다. 어느 정도의 설명이 '강해'의 철학적 핵심에 존재한다. 로빈슨은 자신의 저서인 「성경적 설교(Biblical Preaching)」에서 "개념적으로 각각의 설교는, 전부가 성경의 한 구절 또는 여러 구절로부터 끌어내어진 다른 개념들에 의해서 뒷받침되는 단일한 중심 사상의 설명, 해석 또는 적용이다"[9]라고 말하였다. 게다가 한 구절 또는 여러 구절들은 설교자가 선택할 수 있는 여러 개의 중심 사상들을 가질 수도 있다. 이러한 모든 개념들은 그것이 최초의 독자들에게 전해졌던 그대로 설교되어질 때 성경 강해라고 할 수 있다. 나는 성경이 구절마다 하나의 주제와 하나의 보충 요소를 지니도록 쓰여졌다고 말하고 있는 것은 아니다. 설교자가 성경적 개념들을 전달하는 것에 관하여 결정을 내려야 하듯이, 주석가나 해석가는 이러한 개념들이 다른 개념들을 어떻게 뒷받침하고 있는가를 이해하기 위하여

---

9. Robinson, Biblical preaching, 33.

선택을 해야만 한다.

월터 라이필드(Walter Liefeld)는 "강해 설교는 성경 본문의 개요를 다루는 협의의 한정적인 방법이 아니다. 또한 그것은 단지 한 조목 한 조목씩 구절을 분석해가는 방법이 아니다. 게다가 메시지는 어휘와 문법의 자세한 부분까지 세밀하게 다룰 수는 있으나 성경 기자가 의도한 가르침과 적용을 설명하지는 못한다"는 점을 분명히 하였다. 그럼에도 불구하고 라이필드는 "강해의 본질은 설명이다. 내가 어떤 사항에 관하여 설명하려고 할 때 방법을 선택하는 데 있어서는 어느 정도 자유로우나, 설명하고자 하는 주제에는 충실해야 한다"[10]고 말하였다. 원인 분석을 위한 두 가지 문제에 관하여 로빈슨의 주장과 신중한 해석학적 방법이 만나는 것은 바로 이 점에서다. 본문과 그리고 뒤에 언급될 청중에 관한 로빈슨의 원인 분석을 위한 문제들이 그의 전체 패러다임의 특성이다. 나는 주제 중심의 설교를 강의할 때마다 학생들이 적어도 두 가지 문제에 관하여 시선을 고정한다면, 해석과 설교가 성경의 본문에 충실하게 그리고 청중들에게 호소력 있게 능률적으로 이루어진다는 것을 발견한다. 해석학적 문제들은 다음과 같다.

(1) 본문은 무엇에 관하여 이야기하고 있는가? (주제)

(2) 본문은 주제에 관하여 무엇을 이야기하고 있는가? (보충 요소)

이들 문제들이 모든 유형에서 동등하게 적용되어지는가에 관하여 의문을 제기할지도 모른다. 이에 대한 답은 그것들이 모든 성경 유형에 확실하게 적용되어지고, 다만 그 문제들에 답하기 위해서는 주석을 하고 해석하는 과정이 필수적으로 수반되어야 한다는 것이다.

사람들은 담겨 있는 주제를 이해하기 위하여 이야기의 한 단락을 읽는 것과 동일한 방법으로 성경 서신의 한 단락을 읽지는 않는다. 설교학적으로

---

10. Walter L. Liefeld, New Testament Exposition: From Text to Sermon(Grand Rapids: Zondervan, 1984), 5.

표현하면 문제는 다음과 같다.

(1) 나는 무엇에 관하여 이야기하고 있는가?

(2) 나는 그 주제에 관하여 무엇을 말하고 있는가?[11]

말씀을 듣는 청중과 시대의 관점에서 해석학적 문제들이 제기되기 때문에, 그 답변은 동일하지가 않을 것이다. 설교학적 문제들은 설교자와 청중과 시대의 관점에서 제기된다. 그러나 설교자가 성경에 쓰여져 있는 것 이외에 다른 어떤 것을 말하지 않도록 답변들 사이에 상관 관계가 확실해야 한다. 우리가 앞으로 살펴볼 네번째 의무에서 알 수 있듯이, 단지 본문에 관한 설명이나 본문에 관해 반복해 말하는 것으로 설교 내용을 구성하는 것은 좋은 방법이 아니다.

본문 중심적이고 청중에게 초점이 맞추어진 메시지들

복음주의자들은 성경 기자의 의도이든지 본문의 의도이든지 간에 어느 정도의 의도를 수용한다.[12] 티모시 워렌(Timothy Warren)은 주석으로부터 설교에 이르는 과정 또는 해석으로부터 설교에 이르는 과정에 있어서 의도의 중요성에 관하여 간결하면서도 매우 유익한 기술을 하였다.[13] 워렌은 성경 본문으로부터 설교까지 이르는 과정이 본문의 주석을 시작으로 해서 신학을 통하여, 설교까지 이르는 것임을 보여준다. 그는 원인을 분석해야 할 두 가지 부제들, 즉 (1) 무엇에 관하여 이야기하고 있는가? (2) 주제에 관하여 무엇을 이야기하고 있는가? 에 관하여 세 가지 측면에서 질문하고

---

11. Robinson, Biblical Preaching, 39-44.
12. 다음의 책들을 참조하라. Elliott E. Johnson, Expository Hermeneutics: An Introduction(Grand Rapids: Zondervan, 1990); Walter C. Kaiser Jr., Toward an Exegetical Theology(Grand Rapids: Baker, 1981); and William W. Klein, Craig L. Blomberg, and Robert L. Hubbard, Introduction to Biblical Interpretation(Dallas: Word, 1993).
13. Timothy S. Warren, "A Paradigm for Preaching," Bibliotheca Sacra 148(October-December 1991): 463-86.

있다. 성경 주석의 단계에서는 성경 본문만이 고려된다. 주석하는 사람은 성경기자의 의도와 성경 본문 자체의 의도에 대하여 정확성을 보장하기 위해 신학과 설교를 일괄적으로 다룰 수 있어야 한다. 이러한 두 가지 문제에 관하여 주석하는 절차와 해답의 산물이 주석 개념 또는 주석 주제다. 주석 주제는 성경기자의 이름과 최초의 청중들의 이름을 포함하면서, 본문의 언어를 사용한다. 그리고 성경을 저술한 시대와 문화가 포함된다. 신학의 단계로 나아가면서 설교자는 좀더 시대를 초월한 언어를 사용하게 된다. 그 주제는 시대를 초월하여 어느 때나 하나님의 백성에게 적용 가능한 언어를 사용하게 되고, 흔히 시대를 초월한 원리로 설명된다. 설교의 단계에서는 주석 주제와 신학 주제가 그 과정을 인도하지만, 설교자는 동시대와 청중에게 주의를 집중하게 된다. 더구나 주제는 명령법을 많이 사용하므로(명시적이건 묵시적이건 간에), 의미를 지니고 '설교한다'는 것은 '당신은 무엇을 해야 한다'의 느낌을 지닌 주석 주제 속에 내포된다. 〈표 2〉는 각 단계에서 산출되는 결과의 단순한 예를 보여준다.

 설교자가 설교의 단계에 도달할 때까지 메시지는 바울이 에베소 교인들에 대해서 가졌던 것과 동일한 목적에 충실하면서, 성경의 본문에 중심을 둔 상태에 있다. 메시지는 또한 강도가 높은 명령어를 사용하고 설교를 듣는 사람들에게 직접적으로 호소하면서 청중에게 초점을 맞추고 있다. 그러므로 워렌의 표현을 빌어 이야기한다면, 이 설교는 "본문에 중점을 두면서 청중에게 초점이 맞추어져 있다."[14] 주석으로부터 설교에 이르는 과정 동안 계속해서 설교는 그 의도에 충실해야 하고, 현재의 청중에게 적절한 단어를 구사해야 한다. 중심 사상 설교는 본문의 특성에 관한 포괄적인 설명이라기보다는 오히려 전달 방식의 선택 결과라고 할 수 있다. 설교의 중심 사상이

---

14. Timothy S. Warren, Periodical Review of "The Crisis in Expository Preaching Today," in Preaching 11, no. 2(September-October 1995): 4-12; Bibliotheca Sacra(April-June 1996): 230-31.

유일한 메시지는 아니다. 그것은 최초의 독자에 대해서 성경의 각 구절들이 가졌던 것과 동일한 주요 의도를 표현하는 특수한 청중을 대상으로 한 목표 메시지다.[15]

주석 개념	바울이 에베소 교인들에게 하나님을 찬양하라고 명령했던 이유는 하나님이 성령의 사역을 통하여 그들의 미래를 상속하실 것을 보장하셨기 때문이다.
신학 개념	하나님을 찬양하는 것은 보장된 상속에 대한 적절한 반응이다.
설교 개념	성령이 여러분에게 보장한 상속으로 인하여 하나님을 찬양하라.

〈표 2〉

이와 같이 복음주의 주석가들(그리고 설교자들)은 그들 스스로 성경의 본문에 충실하려고 노력해왔다.

명백하게 주석의 수단들은 흔히 종합을 무시하고 분석을 강조한다. 그러나 성경기자와 본문의 의도를 표현하려고 노력하는 주석가는 반드시 종합을 위해서 노력해야 한다. 그렇게 하지 않으면 주석가는 긴 사전적, 문법적, 구문적, 성경적 - 신학적 자료 목록만을 지닌 채, '무엇이 요지인가?'라는 아주 중요한 문제에는 답변하지 못한 상태에 머무르게 된다. 종합하려는 욕구는 어떠한 독서에서도 공통적인 것처럼 보이나, 이것을 통하여 성경 말씀이 갖고 있는 생활을 변화시키고 하나님을 영화롭게 하는 힘, 즉 말씀의 요지를 안다는 것은 대단히 중요하다. 바울은 교회 안에서 나타나고 있는 문제들을 바로잡기 위하여, 교회의 예배 의식에 영향을 미치기 위하여, 그리고 보다 견고한 교리를 확립하기 위하여 성경을 기록하였다. 우리가 바울이 말하고자 했던 요지를 올바로 파악하지 못한다면 성경이 교훈과 책망과 바르

---

15. 설교에서 전달되는 적용을 위한 의미는 최초의 독자들을 위해 의도된 의미와 동일하지는 않을 것이다. 그러나 그러한 적용(확실히 설교적인 적용)은 명확히 최초의 독자들을 위해 의도된 의미로부터 생겨났음에 틀림없다. Warren의 "A Paradigm" 참조.

게 함과 의로 교육하는 데 얼마나 유익할 수 있을까?[16] 주석가는 단지 산탄만 가지고 만족할 수가 없다. 주석가는 총탄을 추구해야 한다. 복음주의자의 해석에서 요구되는 의무들은 적지 않은 목적을 요구한다.

간단히 열거된 복음주의적 해석에 필요한 의무들을 살펴봄으로써, 나는 이러한 의무들이 성경의 본문들을 정확하게, 또는 성경의 최초의 독자들에 대하여 지녔던 의도와 일치되게 표현함으로써, '하나님의 말씀하신 바를 말하려고' 노력해야 한다는 것을 주장해왔다. 설교에 있어서 단일 개념이나 단일 주제를 전개하는 것은 이러한 복음주의적 해석 의무들의 산물이다. 그런데 모든 설교는 일련의 전달 수단들을 필요로 하는데, 그것 중 적지 않은 부분이 설교의 '중심 사상'에 초점이 맞추어져 있다.[17]

수사학 이론과 관행

지난 2,500년에 걸쳐 연설을 연구하고 실제로 연설을 해왔던 사람들 사이에서는 단일한 중심 사상을 구심점으로 연설을 구성하는 것이 연설을 체계화하는 가장 훌륭한 방법이라는 데에 상당히 동감한다. 고대 그리스와 로마의 수사학자들로부터 최근의 커뮤니케이션 이론가에 이르기까지, 성경 속에 있는 가르침으로부터 오늘날 목회자들의 설교에 이르기까지, 먼 옛날 민주 정치의 정치적 웅변술로부터 우리 시대의 설득력 있는 메시지에 이르기까지, 연설의 역사와 우리가 그것으로부터 습득한 교훈은 연설이 최대로 효과적이기 위해서는 단일한 중심 주제만이 충실하게 전개되도록 시도되어야 한다는 것이다.[18]

---

16. 디모데후서 3장 16 하반절, NIV
17. '중심 개념'은 '총탄', 중심 사상, 또는 전체 설교의 주제를 일컫는 로빈슨의 용어이다. 로빈슨의 Biblical Preaching, 31-48 참조.
18. Duane Litfin, Public Speaking: A Handbook for Christians, 2nd ed. (Grand Rapids: Baker, 1992), 80.

아리스토텔레스는 토포이(topoi)에 관한 저술에서, 효과적인 웅변술이란 논의를 완성하기 위하여 청중의 참여(생략 삼단 논법)를 요구하는 단일 방향의 주장이라고 피력했다. 여기서 그의 의도는 관련 있는 주제의 필요성을 제시하기 위한 것이었지만, 그는 단일한 주제로 주장하는 전략을 세웠다.[19] 이러한 현재까지 장기적으로 수용되어온 수사학의 관행은 많은 현대의 연설문에서 기본적인 것으로 받아들여지고 있다.[20] 말을 매개로 청중에게 전달하는 방법(연설, 설교, 발표 등)이 하나의 중심 주제 또는 개념을 가져야 한다는 것은 수세기에 걸친 수사학 이론을 통하여 인정된 커뮤니케이션의 전략이다. 실제로 우리는 연설을 미리 연습하는 노련한 연설가를 상상할 수 없다. "이 아침에 저는 연설의 나머지 부분과 큰 관련이 없는 몇 마디의 인사말을 하겠습니다. 그리고 다른 것들보다 좀 더 중요한 몇 가지 것들에 대해 말하고 싶습니다. 제가 여러분과 나누고 싶은 재미있는 이야기가 있습니다. 시간이 허락한다면 저는 이것들로부터 몇 가지 암시들을 끌어낼 것이고, 한 편의 시로 끝을 맺을 것입니다. 만일 끝을 맺지 못한다면, 다음 시간에 계속하겠습니다." 이러한 불명료한 목적을 가지고서는 별로 흥미를 유발시키지 못하게 될 것이라는 것이 확실하다.

우리가 인간 정신의 작용에 관해 곰곰이 생각해보면, 커뮤니케이션 이론가들이 단일 주제의 가치에 대해 계속해서 강조하는 이유를 즉시 발견할 수 있다. 듀안 릿핀(Duane Litfin)이 주장한 바와 같이 인간의 정신은 일치, 질서 그리고 진행을 갈망한다.[21]

---

19. 358 a-1359b
20. 단일한 주제의 유용성을 보여주는 좋은 예를 다음에서 찾을 수 있다: Litfin, Public Speaking, 80-83. 그 간접적인 경우는 다음에 진술되어 있다: Bryan Chapell, Christ-centered Preaching: Reclaiming the Expository Sermon(Grand Rapids: Baker, 1994), 139-42. 동일한 논점에 관한 더 복잡한 주장이 인기 있는 연설 도우미 책인 다음에 나타난다: William T. Brooks, High Impact Public Speaking(Englewood Cliffs, N.J.: Prentice Hall, 1988), 105-6.
21. Litfin, Public Speaking, 80-83. 다음 책 참조: John Cerella, John Rybash, William Hoyer, and Michael L.

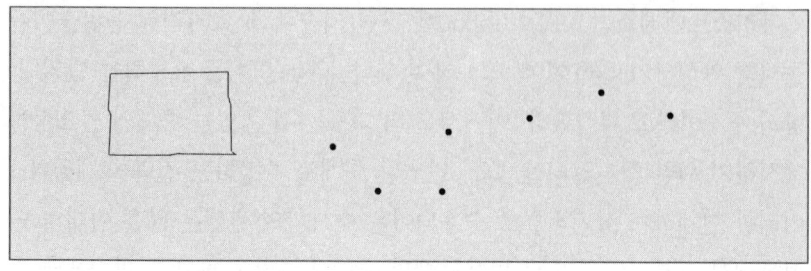

<표 3>

청중의 정신은 전체적인 일치를 추구한다. 〈표 3〉 속에 있는 두 그림에서 무엇이 보이는가?

당신의 정신이 일치, 즉 부분으로부터 전체에 어떻게 도달하는지를 주목하라. 마찬가지로 우리가 혼돈 또는 불일치를 참는 것이 어렵다는 것을 발견한다. 일치를 추구하는 우리의 경향은 전혀 점을 갖고 있지 않은 것처럼 한 점 이상(산탄)을 가지려고 애쓴다. 뮤지컬 '더 포인트(The Point)'에 나오는 대사는 이러한 관념을 예술적으로 나타낸다.

> 오블리오(Oblio)와 그의 개 애로우(Arrow)는 모든 일들이 의미가 없는 무의미한 숲으로 추방된다. 거기서 그들은 여러분의 관점에 따라 의미가 없는 남자 또는 의미가 있는 남자를 만난다. 여러분이 보듯이, 의미 없는 남자는 의미를 지녔다. 사실상 그는 수백 개의 의미를 가지고 있다. 그러나 그가 지적했듯이 "모든 방향에서의 의미는 전혀 의미가 없는 것과 같다."[22]

불행하게도 일치를 추구하는 수많은 청중들은 의미 없는 사람에게 귀기울이도록 놓여지게 된다.

Camera, eds., Adult Information Processing: Limits on Loss(New York: Academic, 1993).
22. Nilsson, The Point(Chicago: Dunbar Music, 1970).

질서에 대한 우리의 추구는 일치에 대한 우리의 욕구에 부응한다. 일반적으로 우리는 부분들이 전체와 관련되어져 있다는 것을 발견하는 데 만족하지 않는다. 퍼즐 조각들이 질서 있게 통합되어져 하나의 그림을 형성할 때 나타나는 것과 같은[23] 질서 있는 관계, 결과, 개념들을 발견하려고 노력한다.[24]

질서를 매개로 하여 성공적으로 일치를 추구하기 위해서는 전진이 필수적이다. 초기에 지적한 바와 같이, 모든 설교는 단일 개념을 진전시키는 설득력 있는 주장이어야 한다. 이러한 주장은 (귀납적으로) 요구를 수용하게 하거나, (연역적으로) 요구의 수용을 뒷받침하는 확실한 증거로부터 지지를 얻는다. 이러한 전진(증거 + 증거 = 주장 또는 주장 = 증거 + 증거) 이 없다면, 청중은 아무런 목적 없이 의미 없는 숲속에서 정처 없이 헤매는 상태에 있을 것이다. 한 가지씩 차례차례 전진시키는 동안, 설교자는 어떠한 주장을 내세우거나 단일한 중심 사상을 납득시키기 위하여 수사학적으로 합당한 방식을 사용할 수 있다.[25] 전진과 질서는 메시지에 일치를 주기 위하여 서로 협력하여 작용한다.[26]

결론

로빈슨은 "설교는 산탄이어서는 안 되고 총탄이어야 한다"는 것을 발표하면서 자신의 복음주의적 해석학 의무들에 대하여 일관적으로 주장했고,

---

23. Litfin, Public Speaking, 81.
24. Richard E. Crable, Argumentation as Communication: Reasoning with Receivers(Columbus, Ohio: Charles E. Merill, 1976), 1-20.
25. Stephen Toulmin, Richard Rieke, and Allan Janik, Introduction to Reasoning(New York: Macmillan, 1979), 45-52.
26. I. A. Richards, The Philosophy of Rhetoric(New York: Oxford University Press, 1965) 참조.

오랜 기간 동안 수용되어온 수사학 이론과 관행을 따랐다. 본문이 많은 것을 말할지라도, 청중은 의도되어진 것을 종합하여 들을 필요가 있다. 단일한 총탄은 적은 양의 산탄 또는 많은 산탄의 집단적 효과보다 더욱더 강력하다. 단어들이나 구(句)들에 대하여 체계가 서지 않은 설교는 하나님의 진리에 관한 주제들이 사람들로 하여금 다르게 생각하고 행동하도록 삶의 변화를 일으키는 데 별로 가치가 없을 것이다.

심화 학습

개념 이해하기
1. 이 장의 주제는 무엇인가?
2. 이 장은 주제에 관하여 무엇을 이야기하고 있는가?

개념 적용하기
1. 일람표에 불과하거나 병렬적 명령문(예를 들면 데살로니가전서 5장 16-22절)인 성경 본문에 의거한 설교에서, 설교자는 설교 유형의 철학을 어떻게 적용시키는가?
2. 성경의 본문은 설교의 내용을 구성하는 데 있어서 어떤 역할을 하는가?
3. 설교자가 설교할 때 서론 부분에서 '중심 사상'을 노출시켰다면, 설교자는 어떻게 계속해서 청중의 관심을 끌 수 있는가?

추천 도서

Chapell, Bryan. Christ - Centered Preaching : Redeeming the Expository Sermon. Grand Rapids: Baker, 1994.

Liftin, Duane. Public Speaking: A Handbook for Christians. 2nd ed. Grand Rapids: Baker, 1992.

O' Day, Gail R. and Thomas G. Long. Listening to the Word: Studies in Honor of Fred B. Craddock. Nashville: Abingdon, 1993.

Robinson, Haddon, ed. Biblical Sermons: How Twelve Preachers Apply the Principles of Biblical Preaching. Grand Rapids: Baker, 1989.

Toulmin, Stephen, Richard Rieke, and Allan Janik. Introduction to Reasoning. New York: Macmillan, 1979.

스콧 A. 웨니그(Scott A. Wenig)

덴버 신학교의 응용신학과 조교수이고 덴버에 있는 백년 공동사회 교회 (Centennial Community Church)의 부교역자이다. 웨니그 박사는 설교학과 교회 역사를 가르치고 있다. 덴버 신학교에서 신학 석사학위(M.Div.)를, 콜로라도 대학에서 역사 전공으로 철학 박사학위(Ph. D.)를 받았다.

적용적이며 상황에 맞는 성경적인 설교

스콧 A. 웨니그(Scott A. Wenig)

설교는 기독교 정신의 중심부에 위치하고 있다. 그것은 예전부터 항상 그래왔고, 아마 앞으로도 계속 그럴 것이다. 예수님께서 사역하시던 때부터 현재까지, 기독교 신앙의 위대한 성경적, 신학적 주제들이 설교자들에 의하여 열정적으로 선포되어왔다. 그러나 모든 설교가 유익하거나 효과적이었던 것은 아니다. 오늘날의 어떤 설교자는 놀림조로 자신의 설교 중 많은 부분이 다른 것들과 함께 심판날에 지옥 불 속으로 던져질 것이라고 말한다.[1] 능력 있는 설교와 설득력이 약한 설교를 구별하는 기준은 과연 무엇인가? 또는 더욱 현실적인 용어로 표현하자면, 왜 어떤 설교는 다른 설교와 다르게 사람들에게 강한 영향을 미치는가?

'중심 사상' 설교의 아버지인 로빈슨은 40년 동안 효과적인 설교는 성경의 본문에 중심을 둔 설교라는 것을 강조하고 예증했다. 그런데 로빈슨을 미국의 유능한 설교자 가운데 한 사람으로 만들었던 것은 설교가 지녀야 하는 관련성에 대한 그의 한결같은 강조였다. 성경 본문을 설교에 집어넣는

---

1. Calvin Miller, Spirit, Word, and Story(Dallas: Word, 1989), 102.

것은 아주 초보적인 단계다. 설교가 청중의 변화를 유도하려면, 청중이 가지고 있는 욕구, 상처, 유혹 그리고 시련에 대해 다루어야 한다.[2] 로빈슨의 표현을 빌리면, "설교는... '설교에 관심을 갖는 자'에게 전달되어지는 것이 아니라, 주일 낮에 우편 번호를 지닌 건물 속에 앉아 있는 남녀들에게 전달된다."[3] 그러므로 생명력 있는 설교는 "학문적인 강의보다는 사려 깊은 대화에 가깝다고 할 수 있다."[4]

설교할 때와 강의할 때 로빈슨의 설교에 대한 접근 방법을 살펴보면, 그가 어느 정도는 감동을 주는 설교 전통을 따르고 있다는 것이 명백하다. 과거의 인상적인 설교자들이 최대로 가능한 영향을 미치기 위하여, 항상 청중에게 설교의 초점을 맞추어왔다는 것이 교회의 역사에 나타나 있다. 초대교회로부터 현재까지, 가장 능력 있는 설교자들은 그들의 시대가 안고 있는 문제들에 대해 바로 성경을 적용하여 말했던 설교의 내용과 상황은 각 세대마다 매우 다양하나 그 관계의 필요성은 결코 그렇지 않다. 이것은 목사이자 신학자인 토마스 오덴(Thomas Oden)이 "설교는 변화하면서도 계속해서 동일하게 유지된다"라는 글 속에서 나타내고자 했던 것이다.[5] 이 글에서 나는 기독교 역사(전통)에서 4명의 탁월한 지도자적 설교자들 - 요한 크리소스톰(John Chrysostom), 히포의 어거스틴(Augustine of Hippo), 마틴 루터(Martin Luther), 그리고 마틴 루터 킹 주니어(Martin Luther King Jr.) - 의 설교를 간단하게 살펴봄으로서 나의 주장을 예증해 보이고자 한다.

---

2. Haddon Robinson, Biblical Preaching: The Development and Delivery of Expository Messages(Grand Rapids: Baker, 1980), 27-28.
3. Haddon Robinson, Biblical Sermons(Grand Rapids: Baker, 1989), 10.
4. 같은 책, 같은 쪽.
5. Thomas Oden, Pastoral Theology: Essentials of Ministry(San Francisco: Harper & Row, 1983), 132.

요한 크리소스톰(John Chrysostom)

크리소스톰(황금의 입)으로 알려진 안디옥의 요한은 4세기의 가장 위대한 설교자였다. 그가 목사의 직에 최적임자였다고 주장하는 이들도 있다. 347년 로마 군대 장교와 기독교도인 어머니 사이에서 태어난 요한은 시리아의 안디옥에서 최상급의 교육을 받았다. 처음에는 법률가가 되기 위해 교육을 받았으나, 결국 그는 수도원의 고독한 삶을 위하여 법정을 포기했다. 요한은 5년 동안 교회에서 집사로 봉사한 후에 장로가 되었고, 그 후 39세의 나이에 대주교 플라비안(Flavian)에 의해 안디옥의 수석 설교자로 임명받았다.

불행하게도 2년이 채 지나지 않은 388년의 봄에, 테오도시우스 황제가 새로운 세금을 부과한데 대항하여 도시에서 폭동이 일어났다. 성난 무리들이 거리로 쏟아져 나와 금으로 도금한 다섯 개의 황제 가족의 동상을 파괴했다. 로마법에 의하면 이러한 행동은 참형을 선고받을 수 있는 반역죄에 해당되었다. 총독은 우선적으로 주모자들의 재산을 몰수하고, 그들의 가족을 거리로 내몰았으며, 그들을 고문하고 죽였다. 도시는 공포와 불안으로 가득 찼다. 위기 국면을 돌파하기 위하여, 플라비안 대주교는 요한에게 대성당 목사의 책임을 맡기고 황제의 자비를 구하기 위하여 콘스탄티노플로 향하였다.

7일 동안 요한은 조용하게 지냈다. 그리고는 마치 하나님에 의해서 부름받은 구약의 선지자처럼 '상(像)들에 관하여(On The Statues)'로 알려진 설교 시리즈를 공포의 도시에 전하기 시작했다. 그는 곧 문제의 핵심에 접근했다.

> 내가 무엇을 이야기할 것인가? 또는 무엇에 관하여 이야기할 것인가? 지금은 말할 때가 아니라 눈물을 흘릴 때다. 연설할 때가 아니라 슬퍼할 때다. 설교할 때가 아니라 기도할 때다. 용감하게 행해진 행동들은 정말로 위대하다. 상처가 대단히 심하고 충격이 너무 커 치유 불가능한 상태

에 이르렀다. 위로부터의 도우심을 간구하고 있다.⁶

황금의 입인 요한은 안디옥의 상황을 욥의 상황에 비유하면서, "도시는 죽음의 함정 속에 있다! 욥이 가장 비천한 자리에 처했었던 것처럼, 안디옥은 큰 덫의 한가운데에 놓여 있다."⁷ 그리고 사단이 그 위대한 족장 욥에게 참을 수 없는 고통을 가했던 것처럼, 현재 "도시 전체에 대해 화를 내고 있다."⁸ 설교자 요한과 성도들이 욥이나 안디옥이 아무런 죄 없이 고통을 당했다는 것을 알았을지라도, 설교는 그 이상 연관되어질 수 없었다. 그러나 그럼에도 불구하고 그의 설교는 계속 연관되어졌다.

다른 능력 있는 설교자와 마찬가지로, 요한은 감정을 통제하지 못하는 사람들로 하여금 그들이 안고 있는 문제를 이해하도록 만들었다. 그는 고통의 원인이 탐욕이라고 외쳤다. 그들은 누가복음 12장에 나오는 어리석은 부자와 같이 이미 많은 부를 축적했으나 더 큰 욕심을 내고 있었다. 보다 심한 것은 탐욕이 허영심과 교만으로 흘러 넘쳤다는 것이다. 요한은 "왜 온갖 허세를 떨면서 주변에 많은 하인들, 식객들, 아첨꾼들을 거느려야 합니까? 필요해서가 아니라 단지 자랑하기 위해서입니다. 결국에는 이러한 것들에 의해서 다른 사람보다 더 존경받을 만한 가치를 지닌 것으로 보일지는 모릅니다."⁹라고 외쳤다. 그들은 교만하지 말고 겸손하라는 부자에 대한 사도의 경고(딤전 6:7)를 망각했다. 그들은 사치와 풍요의 함정에 빠져서 황제가 중과세를 부과했을 때 분개했다.

---

6. The Homilies of St. John Chrysostom on the Statutes, trans. Members of the English Church, Library of Fathers, vol. 9(Oxford: John Henry Parker, 1842), 51-53, reprinted in 20 Centuries of Great Preaching, ed. Clyde Fant and William Pinson, vol. 1(Waco: Word, 1971), 79.

7. 같은 책, 80.

8. 같은 책, 같은 쪽.

9. 같은 책, 86 ('Old English'에서 현대 용어로 바뀌어 서술됨).

재난이 그들에게 닥쳐왔고, 요한은 그들의 상처에 성경의 진통제를 발랐다. 그는 그들의 유일한 희망은 자신의 죄를 인정하고 회개하는 것이라고 말했다. 그들은 황제에게 무죄를 주장하거나, 자신의 죄를 인정할 수 없다고 주장해서는 안 된다.

> 우리가 방어에 급급해서 '나는 현장에 없었다. 나는 공범자가 아니고, 나는 폭동에 참가하지 않았다'고 말하는 것으로는 충분하지 못하다. 황제는 다음과 같이 대답할지도 모른다. '너희들은 처벌을 받게 될 것이고 벌금을 내야만 한다. 왜냐하면 너희들이 현장에 없었으므로 폭도들을 제지하고 만류하지 못했기 때문이다. 너희들은 이러한 일들이 일어나는 것을 막지 못했다. 이것이 너희들이 비난받게 되는 이유이다!'[10]

완전한 회개 외에 다른 것은 소용이 없을 것이다. 하나님만이 지금 그들을 구하실 수 있다. 그들이 진실로 자신들의 죄에서 돌아선다면, 하나님은 그들의 고백을 존중해서 아마 황제의 마음을 누그러지게 만드실 것이다.

요한은 3주 이상에 걸쳐 설교했고 사람들은 기도했다. 감옥이 가득 차고 사형 집행이 계속되었음에도 불구하고 희망찬 평온의 기류가 도시에 퍼지기 시작했다. 드디어 좋은 소식이 콘스탄티노플로부터 들려왔다. 플라비안 대주교가 황제를 설득하여 안디옥에 내린 벌을 거두게 했다. 요한의 설교가 타당성 이상의 것을 지닌 것으로 증명되었다. 요한의 말들은 황금이었다.

용서의 희소식이 들려왔을 때, 요한은 그가 습관적으로 해왔듯이 직접적인 성경 구절을 가지고 그 상황을 적절하게 표현했다. 그는 이렇게 외쳤다. "오늘 나는 시련이 닥쳐왔을 때, 내가 했던 말과 똑같은 말을 우선적으로 할 것입니다. 나를 따라 하십시오. 오늘 저희에게 지극히 가볍고 즐거운 마음

---

10. 같은 책, 85.

으로 우리의 잔치를 축하할 수 있게 하여 주신 주님을 찬양합니다. 우리가 생각하는 모든 것 이상으로 풍성하게 더하실 수 있는 주님을 찬양합니다."[11]

어거스틴(Augustine of Hippo)

요한이 로마 제국의 동부 지역에서 목사로서 이름을 날렸던 때와 동일한 시기에, 아우렐리우스 어거스틴(Aurelius Augustine)은 서부 지역에서 명성을 얻었다. 4세기 중반에 북아프리카에서 태어난 어거스틴은 10대와 20대에 술과 여자와 노래를 즐기며 타락한 생활을 좇았다. 그는 수사학 교수로서 훈련을 받은 후, 지중해를 가로질러 밀라노까지 북쪽으로 옮겨갔으나, 그가 명성을 얻은 학문 분야에서도 거의 즐거움을 느끼지 못했고, 심지어는 자신의 교수직을 '거짓말하는' 자리로 부르기까지 하였다. 평화나 만족을 얻을 수 없었던 그는, 우연히 덕망 있는 밀라노의 주교 앰브로즈(Ambrose)를 만났고, 바로 그 후에 32세의 나이로 인생의 극적인 전환을 체험하게 되었다. 그 후 10년이 채 안 되었을 때, 어거스틴 자신이 그의 조국 북아프리카 히포교회의 주교가 되었고, A. D. 430년에 죽을 때까지 거기서 계속해서 사역하였다.

지금까지 존재했던 책을 저술하고 설교했던 기독교인 중에서, 아마도 마틴 루터를 제외하고는 어거스틴만큼 기독교 신앙에 심오한 영향을 끼친 사람은 없을 것이다. 후대의 신앙인들은 그를 그의 방대한 저서를 통해서만 만나게 되지만, 히포의 교구민들은 그들의 설교자로서 최고의 위치에 있었던 그를 기억하고 있다. 설교하는 동안에 그는 대체로 성도들로부터 약 3미

---

11. The Homilies of St. John on the Statutes, Robert Payne에 의해 "Preaching to Dread and Panic, in Christian History, vol. 13, no. 4, 15에서 인용됨.

터 내지 4미터 떨어진 교회의 주교 자리에 앉았고, 항상 눈높이를 성도들에게 맞추었다. 그는 성도들과 어느 정도의 친밀감을 유지하기 위하여 의도적으로 그렇게 했다. 그리고 그의 전략은 성공했다. 그는 때때로 저녁 시간을 넘겨 설교한 적이 있었는데, 그때 성도들의 뱃속에서 꾸르륵 거리는 소리를 들을 수 있었다. 그러면 그는 재빨리 메시지의 결론을 선포하면서 다음과 같이 말하였다. "나의 친애하는 형제 자매들이여, 집으로 돌아가서 여러분의 힘을 회복하십시오… 바로 가셔서 여러분의 몸이 그 역할을 잘 감당할 수 있도록 원기를 회복하십시오. 그리고 여러분의 몸이 회복되었을 때, 여기 다시 오셔서 영적인 양식을 취하십시오."[12]

수사학을 전공한 어거스틴은 커뮤니케이션의 전략들을 너무 잘 알고 있었다. 그러나 그를 뛰어난 설교자로 만든 것은 잘 알려진 일반적인 방법으로 하나님의 진리를 전달하는 것에 대한 그의 강조였다. 그는 설교의 목적이 가르치고 기쁨을 주며, 의지를 행동으로 옮기게 하는 데 있다는 것을 강조했다.[13] 이것은 무엇보다도 먼저 명확성을 요구했다. 이 명확성을 촉진시키기 위하여 어거스틴은 자주 예증들, 낱말 카드들, 그리고 청중과 그들의 경험에 공통적인 언어의 표현들을 이용하였다. 자주 그는 지중해와 그 안에 존재하는 피조물들의 화려하게 변화하는 색채들을 표현했는데, 이러한 모든 것들이 하나님을 증거하는 것이었다.[14] 미국의 농촌 지역에서 예수님을 가르치는 중서부 출신의 영향력 있는 목사처럼, 그는 규칙적으로 그의 고향, 북아프리카의 시골에 대하여 언급하곤 했다.

모든 것이 선포되고 시행되었을 때, 즉 인간의 이성이 자연의 본성과 일

---

12. Warren Thomas Smith, Augustine: His Life and Thought(Atlanta: John Knox, 1980), 121-22에서 인용됨.
13. William Bright, Lessons from the Lives of Three Great Fathers(London: Longmans, Green, 1890), 133.
14. Malcolm Muggeridge, A Third Testament(Boston: Little, Brown, 1976), 47.

종의 대화를 나누는 데 더 가까이 다가가는 때에, 씨를 뿌리고, 잘라낸 가지를 심고, 관목을 옮겨 심고, 가지를 접지하는 것보다 더 놀라운 광경이 존재하겠는가? 마치 여러분이 각각의 뿌리와 가지에 있는 생명력에게 다음에 관하여 질문할 수 있는 것과 같은 것이다. '그것이 할 수 있는 것은 무엇이고 할 수 없는 것은 무엇인가? 그리고 그 이유는 무엇인가?'[15]

철두철미한 성경주의자로서 어거스틴은 성경과 성경의 중요한 주제들, 또는 이 글의 목적이라고도 할 수 있는 성경의 중심 사상들을 설교하는 데 최선을 다하였다. 그러나 모든 설교자들이 아는 바와 같이 신학적인 개념들은 전달하기가 어려울 수 있다. 어거스틴도 이러한 도전에 예외가 아니었다. 그러나 그를 설교의 천재가 되도록 도운 것은, 그가 성도들을 위해서 추상적인 신학을 구체적인 이미지로 전환시켰던 방법이었다. 예를 들어, 우리가 간구한 어떠한 것들에 대해서는 하나님이 응답하지 않으신다는 설교에서, 어거스틴은 하나님의 초자연적인 지혜가 때때로 우리가 무지중에 구하는 것을 하지 못하게 하신다고 가르쳤다. 그리고 성도들에게 이러한 개념을 설명할 때, 그는 큰 말을 타려고 시도하는 조그만 아이에 관해 말했다. "나를 말 위에 올려주세요"라고 아이가 요구한다. 아이의 아버지는 "얘야, 어리석구나. 말이 너를 내동댕이치고 짓밟을 거야"라고 말한다.[16] 좀더 유명한 다른 예증은, 하나님이 주신 선물을 한 남자가 그의 연인에게 팔찌를 주는 것에 비유한 설교이다.

> 그녀가 기쁜 마음에 팔찌에 마음을 뺏겨 선물을 준 남자를 잊어버린다면, 그것은 선물을 준 남자를 모욕하는 것이다. 그러나 그녀가 팔찌를

---

15. 같은 책, 47-48에서 인용됨.
16. Hugh Pope, St. Augustine of Hippo (New York: Image, 1961), 168에서 인용됨.

받고 너무 기뻐서 선물을 준 남자를 더욱 사랑하게 되었다면, 그것이 팔찌가 지닌 목적인 것이다. 우리는 포도원에 준 물이 포도주가 되는 시간이 걸리는 기적을 당연한 것으로 여긴다. 우리가 깜짝 놀라게 되는 경우는, 예수님이 순식간에 물을 포도주로 변하게 하셨을 때 뿐이다.[17]

마지막으로 예수님의 멍에에 관한 설교에서(마 11:28-30), 어거스틴은 예수님이 말씀하신 바와 같이 예수님의 짐은 '가볍다'는 것을 설명하기 위하여 새와 새의 날개를 이용하였다.

모든 새들은 날개를 가지고 있다. 한 마리의 새를 관찰해보자. 새가 땅 위에 내려앉을 때 날개를 어떻게 접고, 멈추고, 자신의 양쪽 측면에 눕히는가를 주목해보라. 지금, 새가 날개를 짐으로 여긴다고 상상해보자. 새가 자신의 짐을 버리면, 새는 빠르게 밑으로 추락한다. 새가 자신의 짐을 몸에 지니지 않으려 하면 할수록, 새는 점점 더 날 수 없게 된다. 새를 불쌍히 여겨 그 짐을 없애보자. 안 된다. 만일 당신이 새에게 동정심을 보이기를 원한다면, 새를 그냥 내버려두어야 될 것이다.[18]

예수님처럼 어거스틴도 성도들의 지식에 신학의 눈높이를 맞추는 데 최고의 솜씨를 지녔다. 그가 사람들에게 대단한 인기를 얻었다는 것은 당연한 일이다. 일찍이 그의 전기를 쓴 사람 중의 하나인 포시디우스(Possidius)가 "나는 사람들이 실존하는 그를 보고, 특히 우리 가운데서 그의 삶을 목격하고, 그가 교회에서 설교하는 것을 들음으로써 많은 유익을 얻었다고 생각한다"[19]라고 말한 것은 별로 놀랄 일이 아니다.

---

17. Muggeridge, A Third Testament, 47에서 인용됨.
18. Pope, St. Augustine of Hippo, 165에서 인용됨.
19. 같은 책, 176에서 인용 됨.

마틴 루터 (Martin Luther)

마틴 루터를 특별히 소개할 필요는 없다. 그는 사회적, 종교적 운동뿐만 아니라 한 시대를 상징한다. 그는 16세기 종교 개혁의 대표적 인물로서 정신적, 사회적, 국가적으로 현실 세계에 심오한 영향을 끼쳐왔다. 개혁자, 학자, 교수, 목사, 남편, 아버지, 작곡가 그리고 기도의 전사 등, 이 모든 명칭들이 마틴 루터를 표현한 것들이다.

그러나 루터 역시 설교자였고, 그리고 상당히 많은 설교를 하였다. 1512년 목사로서의 사역 초기부터 1546년에 죽을 때까지, 그는 4천 번 이상이나 설교를 하였다. 그가 건강이 좋지 않았던 해조차도, 거의 2백 번이나 설교하였다. 그의 성년 시기를 통하여 일주일에 평균적으로 3회의 설교를 하였고, 4회 이상 설교한 적도 자주 있었다. 조심스럽게 표현하자면 루터는 지치지 않는 설교의 힘, 그 자체였다.

그가 대부분의 주제에 관하여 그러했듯이, 설교에 관해서도 강한 의견들을 내놓았다. 그러나 그가 항상 설교하기를 좋아했던 것은 아니었다. 언젠가 그는 다음과 같이 적었다.

> 설교를 한다는 것은 힘든 일이다... 자주 말했듯이, 내가 선한 양심을 지닐 수만 있다면, 나는 설교를 하기보다는 차라리 수레를 끌고 돌을 운반하였을 것이다. 설교의 임무를 맡은 사람은 누구나 항상 괴로울 것이다. 그러므로 내가 자주 말했듯이, 저주받은 악마가 설교자가 되어야지 선한 사람은 결코 설교자가 되어서는 안 된다. 그러나 우리는 지금 설교와 떨어질 수 없는 관계가 되었다. 내가 이러한 것을 미리 알았더라면, 스물네 마리의 말과 함께 내 자신이 설교 속으로 끌려가도록 내버려두지는 않았을 것이다.[20]

---

20. Miller, Spirit, Word, and Story, 198에서 인용됨.

루터는 자신이 한 설교가 항상 효과적이었다고는 생각하지 않았다. 비텐베르크(Wittenberg)에서 여러 해 동안 목사직을 수행한 후에, 그는 다시 설교하는 것을 포기했다. 그가 볼 때 성도들은 생기를 잃은 상태에 있었고 불신자와 다름없는 생활을 했다. 전형적인 퉁명스러운 말투로 그는 성도들에게 "여러분에게 설교를 계속 한다는 것은 나에게 있어서 상당히 괴로운 일이다"[21]라고 말하였다. 그 말이 그들의 주의를 일깨우지 못했을 때, 그는 파업을 계속하였고 한동안 설교하기를 거절하였다.[22]

그것이 주일 아침 메시지를 전해야 하는 끝없는 압박에서 탈출하는 한 가지 방법이다.

그러나 설교의 책무에 대한 걱정과 좌절에도 불구하고, 루터는 훌륭한 설교자였다. 당대의 그의 설교를 읽는 독자들이 알 수 있는 한 가지 특징은 설교할 때 성도들이 이해하는 범위의 언어를 사용할 것을 루터가 강조한 점이다. 신학은 필수적이지만 그것은 가장 어린 교구민까지도 듣고 이해할 수 있는 방식으로 전달되어야 한다. 루터는 다채롭게 그의 학생들을 가르쳤다.

> 나는 설교하는 동안에 포메라누스(Pomeranus), 요나스(Jonas), 그리고 필립(Phillip)과 같은 박사들을 고려하지 않을 것이다. 왜냐하면 그들은 내가 보여주고자 하는 것을 나보다 더 잘 알고 있기 때문이다. 나는 그들에게 설교하지 않고 나의 귀여운 아이들인 한스(Hans)와 엘리자베스(Elizabeth)와 같은 이들에게 설교한다. 나는 이들을 존중한다. 그들은 큰 정원에 있는 하나의 꽃만을 생각하고 모든 다른 꽃들을 제대로 돌보지 않는 경솔한 정원사임에 틀림없다. 그러므로 여러분은 평범하고 소박하게 설교하도록 노력하고 배우지 못한 사람들에게 관심을 가지며 한

---

21. Christian History, vol. 12, no. 3, 2에서 인용됨.
22. 같은 책, 같은 쪽.

편으로만 치우쳐서 설교해서는 안 된다.[23]

그는 자신이 가르친 것을 실천했다. 종교 개혁이 비텐베르크에서 그 기운을 더해갔을 때, 루터의 관점에서 과격파들이 너무 극단적으로 나아가고 너무 서두르고 있었다. 설교단상에 올라서서, 그는 보수주의자를 향한 사랑이 부족하다고 과격파들을 비난했다. 그리고 모든 성도들이 이해할 수 있는 말을 사용해서 자식을 향한 어머니의 사랑에 관해 이야기하였다.

> 어머니는 아이에게 무엇을 해주는가? 우선 그녀는 아이에게 우유를 주고, 그 다음에 죽, 또 그 다음에는 달걀과 연한 음식을 준다. 그러나 만약에 그녀가 아이에게 처음부터 딱딱한 음식을 준다면, 아이는 결코 성장하지 못할 것이다. 따라서 우리도 역시 우리의 형제와 교제하고, 잠시 동안 그에 대해서 인내하며 그의 약점에 대해 참으면서 그가 그 약점을 극복해내는 것을 도와주어야 한다. 우리는 또한 우리가 그렇게 자란 것처럼 그가 성장해서 강해질 때까지 그에게 우유와 음식을 주어야 한다. 이와 같이 해서 우리는 하늘나라로 홀로 올라가지 않고 지금은 우리의 친구가 아닌 우리의 형제를 함께 데리고 간다.[24]

루터에 의하면 좋은 설교는 항상 성도들이 이해할 수 있는 설교를 말한다. 그는 "진실한 설교는 젊은 사람들, 교회에 출석한 하인들과 하녀들, 교육을 제대로 받지 못한 사람들을 존중해야 한다. 그는 아이를 양육하는 어머니가 아이에게 하는 것처럼 그들의 편의를 도모해야 한다. 설교자들은 그렇게 실천해야만 한다. 설교자들은 설교할 때 소박해야 한다"[25]고 지적했다.

만약에 로빈슨이 루터의 의도를 다시 말했다면, 그는 이렇게 말했을지도

---

23. Ewald M. Plass, ed., What Luther Says(St. Louis: Concordia, 1959), 1130.
24. Luther's Works: Sermons, ed. and trans. John W. Doberstein, vol. 1(Philadelphia: Muhlenberg, 1959), 72.
25. Plass, What Luther Says, 1130.

모른다. "의도는 항상 명확해야만 한다!" 그리고 루터는 교육받지 못한 성도들에 관한 설교에서 평신도를 목표로 삼았다. 그는 "부모는 폭군, 악당, 혹은 깡패가 아니라 부모라는 것을 그들 자신이 아이들에게 보여주어야 한다"고 말했다.[26] 주인들, 하인들, 하녀들은 하나님이 영광받으실 수 있도록, 그리고 사회가 개선되어질 수 있도록 그들의 아이들에게 하나님의 도를 가르쳐야 한다.

> 지금 우리는 세속적인 정부 치하에 있는 지방과 종교적인 정부 치하에 있는 도시에서 설교자와 가르치는 자로서 봉사할 수 있는 사람들을 얻기 위하여 아이들을 교육하는데 최대한의 정성을 기울여야 한다. 여러분이 재능 있는 아이들을 공부하지 못하게 할 때 군주와 독일에 미치는 지독한 해악이 무엇인지를 여러분은 잘 알고 있다. 만일 여러분이 나쁘게도 여러분의 딸이 하녀가 되도록 교육시킨다면, 똑같은 원리가 한 가족의 어머니인 여러분에게도 적용된다. 그것은 단순히 여러분에게 주어진 일이 아니라 여러분이 실천해야만 하는 계명이다.[27]

많은 능력 있는 설교자들처럼, 루터도 예증들을 사용하여 상황들을 구성해갔다. 예증들은 성도들에게 하나님의 말씀을 명확하게 전달하는 필수 불가결한 수단이다. 루터는 예증이 영적인 성장과 신학 교육에 도움이 된다고 주장했는데, 특히 평범한 성도들에 대해서는 더욱 도움이 된다고 하였다. 그리고 그에게 설교를 배우는 학생들에게 "평범한 사람들은 어렵고 난해한 논쟁보다는 비유와 예증들에 더욱 매력을 느낀다. 그들은 잘 쓰여진 책보다 잘 그려진 그림을 보고 싶어한다"[28]고 말하였다.

루터는 자주 성도들의 경험을 바탕으로 하여 만들어진 예증들을 사용하

---

26. Luther's Works: Sermons, vol. 1, 151.
27. 같은 책, 같은 쪽.
28. Plass, What Luther Says, 1129.

였다. 예를 들어 개혁의 속도에 대해 인내를 주장했던 설교에서, 위대한 개혁가인 루터는 새로운 질서에 적응하는 것이 더딘 사람들에 대한 사랑을 요구했다. 그의 요지를 강조하기 위하여 그들을 위해 그림을 그렸다.

> 태양은 빛과 열이라는 두 가지 성질을 가지고 있다. 어떠한 왕도 태양빛을 휘게 하거나 마음대로 할 수 있는 힘은 없다. 태양은 자기 자리에 고정되어 있다. 그러나 열은 방향이 바꾸어지거나 인도하는 대로 될지는 모르나, 그럼에도 불구하고 영원히 태양 주위에 머물러 있다. 이와 같이 믿음은 결코 흔들림 없이 항상 우리 마음에 순수하고 확고하게 유지되어야 한다. 그러나 사랑은 우리의 이웃이 믿음을 이해하고 따라올 수 있도록 하기 위하여 구부러지거나 변화한다.[29]

루터는 설교의 본질적인 어려움에도 불구하고, 그것이 변형적일 수 있다고 믿었다. 그러한 것이 발생하기 때문에, 설교는 관계성을 가져야 하고 성경적이어야만 한다. 그의 설교는 그가 복음의 신학과 성도들의 이해에 중점을 두고 있다는 것을 보여준다.[30] 바로 이러한 설교를 해돈 로빈슨은 '효과적인 강해 설교'라고 명하고 있다.

마틴 루터 킹 주니어 (Martin Luther King Jr.)

복음의 메시지를 동시대 성도들의 욕구에 맞추어서 설명하고 적용시켰던 모든 설교자 가운데서 20세기의 마틴 루터 킹 주니어보다 더 큰 영향을 미친 사람은 없다. 설교자가 하나님의 마음을 사람들에게 전달하는 사람이라

---

29. Luther's Works: Sermons, vol. 1, 72.
30. 같은 책, xix.

면, 확실하게 침례교의 전통 속에 있는 이 아프리카 출신의 미국인은 현대의 진실로 위대한 설교자 가운데 한 사람이다. 킹은 대공황 중에 남부의 목사 가정에서 태어나고 자랐다. 후에 코저(Cozer) 신학교를 다니기 위해 북부의 필라델피아로 이사를 했고, 보스톤으로 가서 보스톤 대학에서 철학박사 학위를 받았다. 1954년에 그는 앨라배마 주의 수도인 몽고메리에 있는 교회의 초청을 받았고, 1955년의 몽고메리 버스 보이콧 사건에서 국가적인 명성을 얻었다.

몽고메리 버스 보이콧 사건은 여러 가지 면에서 살펴볼 때, 미국에서 발생한 시민권 운동(미국에서 1950 - 60년대에 이루어진 흑인 차별 철폐를 위한 비폭력 시위 운동 - 역주) 의 기원이 되는데, 킹은 1968년에 암살당할 때까지 그 운동에서 핵심적인 역할을 하였다. 복음의 특성과 성경의 윤리에서 비롯되어진 시민권 운동은 인종 차별을 철폐하고 더욱더 정의로운 사회를 만드는 것을 목적으로 하였다. 일반적으로 흑인 교회에서 모두 그렇듯이, 설교는 운동을 일으키는 주요한 수단이 되었는데, 마틴 루터 킹 주니어보다 더 큰 힘과 효과를 미친 설교자는 아무도 없었다.

시민권 운동 지도자로서의 그의 첫번째 중요한 설교는 보이콧 사건 동안인 1955년에 행해졌다. 메시지의 결말 부분에서 그는 다음과 같은 결론을 내렸다.

> 여러분이 용기 있게, 그러나 존엄성을 지키면서 기독교적인 사랑을 가지고 대항한다면, 미래 세대에 역사책이 쓰여질 때 역사가들은 잠시 멈추었다가 말해야 할 것이다. '옛날에 위대한 민족인 흑인들이 살았는데, 그들은 문명의 혈관 속에 새로운 의미와 존엄성을 주사하였다.' 이것이 우리의 도전이요 우리가 저항할 수 없는 책임이다.[31]

---

31. Martin Luther King Jr., Stride Toward Freedom: The Montgomery Story(New York: Harper & Row, 1958), 63, Fant and Pinson, 20 Centuries of Great Preaching, vol. 12, 356에서 인용됨.

킹이 설교 단상에서 걸어나갈 때, 사람들은 펄쩍펄쩍 뛰면서 그에게 우레와 같은 박수갈채를 보냈다.

시민권 운동에서의 킹의 지도력이 커지면서, 그는 정통의 기독교 신앙을 포기하고 단순히 사회 복음을 장려한다는 이유로 비판을 받았다. 그러나 그의 설교는 그러한 비난을 무용지물로 만들었다. '미련한 사람' 킹은 세속적인 인본주의와 과학의 진보에 힘입은 인간 발달의 전체적 개념을 부정했다.

> 사람들은 문명이 지상낙원을 향하여 서서히 발전하고 있다고 믿었다. 허버트 스펜서(Herbert Spencer)는 다윈의 진화론을 자동적인 진보의 관념 속에 능숙하게 도입하였다. 사람들은 물리적인 중력의 법칙만큼이나 타당한 사회적인 진보의 법칙이 있다는 것을 확신하게 되었다… 그 시기에 위와 같은 사회적 통념에 대한 논쟁이 불붙기 시작했다. 왜 우리는 자동적인 진보와 스스로를 구원할 수 있는 인간의 능력에 대하여 스스로를 속이는가? 우리는 진실한 도움이 오는 언덕을 향하여 우리의 마음과 눈을 들어올려야 한다. 하나님에 대한 믿음 없이는 우리의 노력은 재가 될 뿐이고, 우리의 해돋이는 칠흑같이 어두운 밤으로 변할 뿐이다.[32]

킹 목사는 예수님만이 인간을 구원할 수 있다고 주장했다. 그는 또 다른 설교에서 사도 바울처럼 "하나님은 우리가 스스로 할 수 없는 것을 대가 없이 우리를 위하여 해주시겠다고 말씀하셨다. 우리가 겸허하고 관대하게 받아들이는 것이 믿음이다. 그러므로 믿음에 의해서 우리는 구원받는다"[33]고 선포하였다.

복음을 토대로 킹 목사는 그 당시의 사회적 변화에 대하여 설교하였다.

---

32. Martin Luther King Jr., "The Man Who Was a Fool," Fant and Pinson, 20 Centuries of Great Preaching, vol. 12, 382-83에서 인용됨.
33. Martin Luther King Jr., "Answer to a Perplexing Question," Fant and Pinson, 20 Centuries of Great Preaching, vol. 12, 369에서 인용됨.

악은 사람들이 자신을 하나님께 맡기고 하나님이 그들을 통하여 일하기를 허락하실 때만이 제거되어 질 것이다. 킹 목사는 요한복음 3장 20절을 인용하고 그것을 정확하게 적용하면서, 청중들에게 그들의 삶을 더욱더 충실하게 예수님께 맡길 것을 주장하였다.[34] 이것은 개인적으로는 성도의 의무이고 단체적으로는 교회의 책임이다. 이것이 이루어질 때 사회적 변화가 뒤따를 것이다. 킹 목사는 다음과 같이 설교하였다.

> 우리 국가와 세계에 있어서 실질적으로 가능한 민족 간의 정의는 우리의 약하고 종종 잘못 인도되는 노력에 의해서나, 혹은 하나님께서 고집 센 사람들에게 그분의 의지를 강요함으로써 이루어지는 것이 아니다. 그것은 많은 사람들이 그들의 삶을 하나님께 맡기고 그분의 위대하고 신성한 힘을 그들의 영혼 속으로 쏟아붓는 것을 허락할 때 이루어질 것이다.[35]

킹 목사의 가장 유명한 설교 '나에게는 꿈이 있습니다'는 1963년 8월 28일에 링컨 기념관의 계단에서 이루어졌다. 많은 주석가들이 그것을 미국 역사에 있어서 가장 유명한 연설 중의 하나로 묘사해왔는데, 그것은 실제로 가장 세련된 환상적인 설교였다. 이사야 40장 4-5절에 있는 성경의 비유적 표현에 근거를 둔 이 메시지는 청중들로 하여금 미국 사회에 현존하고 있는 불평등을 초월하고자 하는 희망을 갖게 했다.

> 나는 언젠가 골짜기가 돋우어지며 모든 언덕과 산이 낮아지게 될 것이라는 꿈이 있습니다. 거치른 곳이 평탄케 되며 굽은 곳이 곧게 펴질 것입니다. 그리고 여호와의 영광이 나타나고 모든 육체가 그것을 함께 보

---

34. 같은 책, 371.
35. 같은 책, 370.

게 될 것입니다.³⁶

킹 목사는 그 시대의 욕구에 맞추어 이사야의 환상을 설명하였다. 첫번째로, 그는 피부색보다는 인격에 바탕을 둔 사회에 관한 꿈을 분명하게 밝혔는데, 본문에 내포된 윤리관을 미국 사회의 인종 차별주의에 도전하는 데 적용했다. 두번째로, 그는 기독교 신앙과 희망을 증진시키는데 성경 본문을 이용함으로써 시민권 운동에 적극적인 사람들이 사회적 변화의 작업을 계속할 수 있도록 격려할 수 있었다.³⁷ 어떠한 설교자도 다 알듯이, 현상을 비평하기는 쉬우나 그 현상을 변화시키기는 어렵다. 킹 목사는 하나님의 말씀을 전하는 사람들이 성경의 진리로 하여금 현재의 문화적 상황에 힘을 발휘하게 할 때에, 전체 사회가 어떻게 바뀌어질 수 있는지를 증명하였다.

해돈 로빈슨은 옳았다. 과거나 현재의 훌륭한 설교자들은 항상 성경과 청중의 욕구에 관심을 가진다. 변화를 가져오는 설교는 항상 신성한 성경 본문에 근거를 두고 있으면서도 구체적인 청중에 상황이 맞추어진 설교이다. 이것이 기독교 역사의 교훈 중의 하나이다. 그것은 또한 로빈슨이 40년 이상 동안 그가 가르쳐왔던 학생들이나 청중에게 일관적으로 제시해왔던 교훈이다. 우리 모두는 계속해서 그의 주장을 듣게 될 것이고, 그것을 우리의 설교에 적용하게 될 것이다.

---

36. Martin Luther King Jr., "I Have a Dream," reprinted in Lenwood G. Davis, I Have a Dream... The Life and Times of Dr. Martin Luther King Jr.(Westport, Conn.: Negro University Press, 1969), 263.
37. 같은 책, 같은 쪽.

심화 학습

개념 이해하기
1. 이 장의 주제는 무엇인가?
2. 이 장은 주제에 관하여 무엇을 이야기하고 있는가?

개념 적용하기
1. 자신들의 설교를 상황에 잘 맞춘 현대 설교자의 이름을 말해보라.
2. 언제 상황화 이론이 타협안이 되는가?
3. 상황에 맞추어진 메시지를 설교하는 데 있어서 가장 큰 장애물은 무엇인가?

추천 도서

Duduit, Michael. "The Preaching Tradition in America." In Michael Duduit, ed., Handbook of Contemporary Preaching. Nashville: Broadman, 1992, pp. 37-48.

Larsen, David L. The Company of Preachers: A History of Biblical Preaching from the Old Testament to the Modern Era. Grand Rapids: Kregel, 1997.

Leonard, Bill J. "Preaching in Historical Perspective." In Michael Duduit, ed., Handbook or Contemporary Preaching. Nashville: Broadman, 1992, pp. 21-35.

Miller, Calvin. Spirit, Word, and Story. Grand Rapids: Baker, 1996.

Wilson, Paul Scott. A Concise History of Preaching. Nashville: Abingdon, 1992.

The Big Idea of Biblical Preaching

빅 아이디어 설교 II. 그 성경적이고 신학적인 힘

03__ 중심 사상 설교를 위한 구약의 해석 문제들

04__ 중심 사상 설교를 위한 신약의 도전 과제들

05__ 그 이야기에 정말로 하나의 중심 사상이 존재하는가?

06__ 문화와 하위 문화에 대한 중심 사상 설교하기

07__ 중심 사상과 신학의 대주제

브루스 월키(Bruce Waltke)

플로리다 주 올란도에 있는 개혁 신학교(Reformed Theological Seminary)의 구약성경학 교수이며, 밴쿠버에 있는 리젠트 대학교의 명예교수이다. 그는 하버드 대학에서 철학 박사학위(Ph. D.)를 받았다. 수많은 학술 논문을 쓴 그는 9개의 신학교에서 신학을 가르쳤고, 목회자로 사역하기도 하였다.

중심 사상 설교를 위한 구약의 해석 문제들

문제가 되는 자료들, 시적 표현들과 구약 설명하기,
잠언 26장 12절의 강해

브루스 월키(Bruce Waltke)

서문

자료 비평의 문제와 중심 사상 설교_____ 성경의 자료 비평은 그것이 문학 비평이든지, 형식 비평이든지, 혹은 전통 비평이든지 간에, 본문이 내포하고 있는 중심 사상을 전개함으로써 본문을 강해하는 로빈슨의 견해에 전혀 우호적이지 못하다. 확실히, 자료를 확인하는 것과 관련된 기술들은 강해자로 하여금 신중하게 단일화된 소규모의 성경 본문들을 분리하는 것을 가능하게 한다. 그러나 이러한 성경 자료의 비평은 최후의 편집자가 그의 완성작 또는 완성작의 모든 각 부분에 통일된 개념들을 위하여 자료들을 편집했다는 견해에는 이의를 제기한다.

문학 자료 비평은 문체와 신학의 변화에 준거하여 완성작을 구성하는 문학 자료들을 분리하는 것을 시도하였다. 모세 오경에 대해서도 이 학파에 속하는 비평가들은 적어도 네 가지의 구별되며 때로는 모순되는 문서들을 식별한다. 설교자는 모든 책에 관한 것은 아닐지라도 자료 문제들의 중요한 개념을 제시할 수 있다. 왜냐하면 이 학파의 비평가들에 따르자면 미숙한 편집자도 모순된 자료들과 모든 자료들을 연결시킬 수 있기 때문이다. 유능한 설교자는 모순된 점을 지적해야만 한다. 그것은 혼돈스러운 설교가 될 수 있다.

  형식 비평은 자료들을 확인하는 데 많은 도움이 되지만 설교자에게 다른 문제를 제시한다. 이 접근법은 성경의 본문을 동일한 구조, 주제, 분위기, 어휘 그리고 기타 등등의 공유하는 유형으로 분류한다. 예를 들면 시편기자가 하나님께 간구한 시편 50편의 기도에서, 그는 하나님이 자신을 버리고 적을 너무 강하게 하신 것에 대하여 불평을 토로하고, 그리고는 하나님에 대한 신뢰감을 표시하며, 그 다음에 하나님께서 자신을 인도하시기를 간청하였다. 그것들 모두가 같은 중심 사상을 가지고 있는 것처럼 보인다는 것이 문제다. 이러한 것이 설교를 지루하게 만들 수 있다.

  전통 비평가들은 책 속에서 초기 형태부터 마지막 형태까지 한 자료의 역사적 변천 과정을 더듬어보기를 시도한다. 이러한 창조적인 과정은 비평가들이 그들 스스로를 위하여 구시대의 전통을 재해석함에 따라 성경 본문에 새로운 인물들, 단체들, 세대들의 점진적인 기여를 반영하면서, 대부분의 구약 본문이 다양한 수준의 의미를 포함하도록 이끈다. 이러한 접근법을 사용하는 설교자의 문제점은 이 학파에 속하는 비평가들이 이러한 역사에 대하여 의견을 같이 하지 않는다는 것과 설교자가 권위 있는 수준의 의미를 결정해야 한다는 것이다. 이러한 것이 설교를 불확실하게 만들 수 있다.

  보수적인 설교자들은 성경을 개별적으로 모순된 자료 속으로 쪼개어 넣고 확정된 본문의 무오성과 권위를 부인하는 성경 비판을 삼가한다. 그러나 그들은 많은 성경의 책들이 통일된 개념들 없이 엉성하게 서로 연결된 것처럼 보이는 자료집이라는 사실을 인정해야 한다.

  산만한 명문들이 열거된 잠언서로부터 문제를 조명해보자. 잠언 25장 1

절에 의하면, 히스기야의 신하들이 25장부터 29장까지 솔로몬의 잠언을 편집했다. 그러나 때때로 그들이 그 잠언들을 의미(meaning)에 의해서가 아니라 소리(sound)에 의해서 정리했다는 주장이 제기된다. 예를 들면, "미련한 자의 입의 잠언은 술 취한 자(shikker)의 손에 든 가시나무같으니라"(26:9), "미련한 자를 고용하는 것(shoker)은 지나가는 자를 고용함과 같으니라"(26:10)는 구절은 명백히 그들의 주제인 '미련한 자'에 의해서 그리고 확실한 의미에 의해서가 아니라 shikker와 shoker 라는 발음의 놀이에 의하여 서로 연결된다. 이러한 같은 음을 반복하는 놀이로부터 미련한 자에 관하여 통일된 해석을 이끌어내는 설교자는 성경 해석학적인 방법이 아닌 자기 해석을 하고 있는 것이다.

위의 조명은 구약의 모든 작품들이 가지고 있는 문제를 예증한 것이다. 역사서, 예언서, 찬양의 노래, 그리고 지혜서 등 모든 작품들은 원래부터 분리되어 있는 많은 자료들로 구성되어 있다. 중심 사상에 입각한 설교는 자료 비평에 의하여 나뉘어진 성경의 단편들을 초월하여 보다 큰 편집으로 성실하게 나아갈 수 있을 것인가?

시학의 공헌_____ 자료 비평이 완성작 또는 작품 그 자체에 존재하는 본질적으로 다른 본문들의 중심 사상을 설교하는 것을 어렵게 만드는 반면에, 구약 속에 존재하는 시학에 관한 최근의 연구는 로빈슨의 대중화된 설교 접근법의 타당성을 인정하는 경향이 있다. 지난 20세기의 4반세기 동안에, 학자들은 편집자/ 저자들이 그들의 자료를 모으는 방식들을 발견하는 데 주의를 기울였다. "우리는 본문이 무엇을 의미하는가를 알기 전에 어떠한 방식으로 쓰여졌는지를 먼저 알아야 한다"는 아델 베린(Adele Berlin)의 말은 유명하다. 옛날의 비평가들이 최종의 본문을 체계 없이 엮어놓은 것으로 간주하는 반면에, 시학을 사용하는 비평가들은 그것을 세부적인 부분에 이르기까지 신중하게 주의를 기울인 예술품으로 간주한다. 로버트 폴진(Robert Polzin)은 성경의 저자들에 관해서만 언급하지, 그것의 편집자들에 관해서는 더 이상 말하지 않는다.[1]

새로운 유형의 성경 비평가들은 시학에 관한 '문법'을 발전시켜왔다.[2] 그들의 끈기 있는 노력과 많은 출판물들은 성경의 '저자'들이 여러 가지 중에서도 특히 다음과 같은 기술들을 통하여 그들의 작품에 통일성을 주었다는 것을 보여주었다.

① 포괄(inclusio) - 즉 끝을 시작과 연결시킴으로서 문학적인 통일성을 완성하는 것.
② 교체법(ABC :: A' B' C') 혹은 교차법(ABC x C' B' A')과 같은 많은 유형의 구조들. 즉 전후의 연결이 서로 대조를 이룬다.
③ 작품을 함께 엮는 표제어
④ 표제어의 의미에 초점이 맞추어진 중요어들
⑤ 동의어들
⑥ 같은 음의 말로 하는 익살. 즉 소리와 의미/ 소리 또는 의미에 관한 놀이.

---

1. Robert Polzin, Samuel and the Deuteronomist: A Literary Study of the Deuternomic History, pt. 2, 1 Samuel (San Francisco:: Harper & Row, 1989).
2. 기본적인 저서들은 다음 책들을 포함한다.
Robert Alter, The Art of Biblical Narrative(New York: Basic Books, 1981); Robert Alter and Frank Kermode, eds., The Literary Guide to the Bible(Cambridge, Mass.: Belknap, 1987); Shimon Bar-Efrat, Narrative Art in the Bible, JSOT Supplements Series 70; Bible and Literature Series, no. 17(Sheffield, England: Almond, 1989); Adele Berlin, Poetics and Interpretation of Biblical Narrative, JSOT, Supplements Series; Bible and Literature Series, no. 9(Sheffield, England: Almond, 1983); Tremper Longman III, Literary Approaches to Biblical Interpretation(Grand Rapids: Zondervan, 1987); Richard L. Pratt Jr., He Gave Us Stories (Brentwood, Tenn.: Wohlegmuth & Hyatt, 1990); Mark Allan Powell, What Is Narrative Criticism? (Minneapolis: Fortress, 1990); Jean Louis Ska, "Our Fathers Have Told Us": Introduction to the Analysis of Hebrew Narratives (Roma: Editrice Pontificio Instituto Biblico, 1990); Meir Sternberg, The Poetics of Biblical Narrative: Ideological Literature and the Drama of Reading, The Indiana Literary Biblical Series (Bloomington: Indiana University Press, 1985).

⑦ 구문론
⑧ 후렴
⑨ 양면법(janus). 즉 앞뒤 양쪽 모두를 바라보는 문학 작품을 가지고 부분들을 함께 연결짓는 것
⑩ 대조법과 비유법
⑪ 논리(예를 들면, 원인과 결과)
⑫ 일반화
⑬ 준비/ 전조(즉 계속해서 나올 것에 대해 독자로 하여금 준비하도록 하는 본문의 한 부분에 있는 자료를 포함하는 것). 의미의 심오한 구조와 함께 깊이 새겨져 있는 시적 기법들을 일치시킴으로 전체를 윤택하게 하여, 부분들의 종합보다 더 커지게 하는 추상적인 의미를 분별할 수 있다.

이러한 새로운 유형의 비평가들은 자료 비평가들의 방법보다는 랍비들의 방법에 더 유사한 방법으로 구약 성경을 읽으나, 영리한 랍비들과는 다르게 그들은 시학의 견지에서 독서를 한다. 확실히 훌륭한 독자들은 의식적이든 무의식적이든 언제나 통일된 본문을 해석하는 데 시학을 이용한다. 그러나 시학의 문법은 성경의 저자들이 공통점이 없는 자료들을 통합하기 위하여 이러한 기법들을 능란하게 사용했다는 것을 드러나게 한다. 그들의 최종 작품의 단편적인 모습은 피상적이다. 시학은 그들이 격리되어 있는 자료들을 초월하는 '중심 사상'을 항상 생각하고 있었다는 것을 보여준다.

잠언 26장 1-12절의 강해

시학이 어떻게 중심 사상을 밝히는 데 도움을 주는가를 예증하기 위하여 인상적인 장면으로 되돌아가보기로 하자. 잠언 26장 9-10절의 보다 큰 문맥은 잠언 26장 1-12절이다. 그 작품을 하나로 묶는 중요어는 '미련한 자' 이다.[3] 그것은 1절과 짝을 이루고 있는 2절을 제외하고 모든 절에서 나타나는데, 그 2절은 1절과 유명한 한 쌍을 이룬다. 13절에서 주제는 미련한 자에서 게으른 자(26:13-16)로 옮겨간다. 중요어 '미련한 자' 는 이 작품에 '미련한 자들의 본보기'[4]라는 제목을 붙여준다. '미련한 자' 와 같은 단일어는 중심 사상인 것처럼 가장(假裝)할 뿐이다.[5]

형식적으로 이 작품은 10개의 격언(1-3절, 6-12절)과 두 개의 훈계(4-5절)로 구성되어 있다. 결론을 맺는 절을 제외하고는, 이들 10개의 격언들은 본질적으로 동일한 구조를 가지고 있다. 그것들의 A 단시(短詩)들(즉 그 절들의 전반부)은 사회 질서에서의 미련한 자라는 은유적 표현으로서의 역할을 하기 위해서 현저하게 부정적인 이미지들을 창조의 질서로부터 제시하고 있다. '미련한 자들의 본보기' 는 주제로 생각되는 서문(1-3절), 주제의 두 가지 면을 전개한 본문(4-10절), 그리고 결론(11-12절)으로 구성되어 있다.[6]

---

3. 음운론적으로 kesil('fool')과 조화를 이루는 단위를 통해 계속되는 구개음 /k~q~g/의 반복 또한 작품을 통일시킨다. 1행은 그 준비에 해당한다: kasseleg baqqayis wekammatar baqqaysir ken lo' na' weh lekesil kabod. 접두사들을 제외하고, 'not fitting' (!)을 제외한 모든 단어는 /k~q/로 시작한다.
4. Arndt Meinhold, Die Sprueche, in Zuercher Bibelcommentare 16. 2(Zurich: Theologischer Verlag, 1991), 436.
5. Haddon W. Robinson, Biblical Preaching: The Development and Delivery of Expository Messages (Grand Rapids: Baker, 1980), 39f.
6. Cf. Raymond C. Van Leeuwen, Context and Meaning in Proverbs 25-27(Atlanta: Scholars, 1988), 88f.

서문(1-3절) 1절은 본문이 상술할 것을 미리 요약하는 역할을 한다. 그것은 이 작품의 주요 주제로 생각된다. '미련한 자에게는 영예가 적절하지 않다.'[7] 여름에 눈이 오는 것과 추수 때에 비가 오는 이미지는 미련한 자에게 영예를 주는 뒤죽박죽인 세계에서만 일어난다는 것과 그렇게 하는 것이 재난이라는 것을 설명한다. 추수 때의 눈이 농작물을 파괴하고 죽음을 불러오는 것처럼, 미련한 자에게 영예를 주는 개인 또는 사회는 희망으로 가득 찬 삶이나 문화를 파괴하는 것이다.

2절은 1절과 비교됨과 동시에 대조되는 역할을 한다. 2절은 1절과 같은 구문을 독특하게 사용하면서[8], 그것은 또한 죄 없는 사람을 저주하는 것과 비교하여 적절하지 않은 것과 관계가 있다. 한편으로, 명예는 미련한 자에게 적당하지 않다. 왜냐하면 1절에서 분명히 밝혔듯이(그리고 본문은 그것을 더욱더 구체화시킬 것이다), 그에게 사회적인 지위를 주는 것은 큰 손해의 원인이 될 것이기 때문이다. 다른 한편으로는, 죄 없는 사람을 저주하는 것은 적절하지는 않으나 손해를 끼치지는 않을 것이다. 왜냐하면 그 저주가 상대방을 나쁜 상태에 빠지게 할 여지가 없기 때문이다. 같은 음의 말로 하는 익살(즉 소리와 의미/ 소리 또는 의미에 관한 놀이)은 대조에 도움을 준다. '영예'(kabod)의 어근인 히브리어 kabed는 '무거운'의 의미를 지니고 있고, '저주'(qelalah)의 어근인 qalal은 '가벼운'의 의미를 지니고 있다. 게다가, '저주'는 셈어로 정처 없이 이리저리 날아다니는 새들의 이미지를 연상케 하는 개념인 '무책임하다'를 의미할 수 있다.

3절은 서문의 절정 역할을 하고 있으며 부정적인 주제에 대한 긍정적인

---

7. Van Leeuwen (100)은 "적합함의 개념이 시의 중요한 관심사다"라고 말한다. 비록 우리가 Van Leeuwen의 뛰어난 논문에 의존하고 있지만 '적합함'은 부적절한 요약이다.
8. 영문판은 다음의 독특한 구문을 모호하게 한다.
   k + k + ken "like [snow/a fluttering sparrow] ... like [rain/darting swallow], so [honor/an undeserved curse...]."

대조적 요소로 생각된다. 적절하게 들어맞는 것은 '미련한 자의 등에는 막대기'(3절)라는 문장이다. sippor('참새'), deror('제비')[9], 그리고 hamor('나귀') 중에 있는(같은 음의 말로 하는) 익살의 한 형태인 유음(음의 유사)은 적절한 것은(3절) 긍정적인 주제로, 부적절한 것(1-2절)은 부정적인 주제로 들리게 하는 데 도움이 된다. 요컨대, 서문은 그것의 대조적인 요소와 함께 주제로 여겨진다.

본문: 제1부(4-5절)_____ 미련한 자에게 적절한 것과 대비되는 주제를 전개한 두 가지의 훈계는 서문으로부터 본문에 이르기까지 비교적 부드러운 변이를 논리적으로 형성한다. 미련한 자를 다스리기 위하여 육체적으로 매를 가하는 것과 더불어(3절), 현명한 아들/ 제자는 미련한 자에게 말로 대답해줄 필요가 있다(4-5절). 그러나 그의 대답은 부적절한 것(4절)과 적절한 것(5절)을 구별해야 한다. 미련한 자의 오만함에 대꾸하는 것은 적절하지 않다. 하나님의 자녀는 '모욕에 대해서 모욕'으로 대항해서는 안 된다(벧전 3:9). 만일에 그가 복수심을 가지고 거칠게 또는 거짓말로 대답한다면, 그도 역시 "그래, 너라고 별 수 있어?"라는 미련한 자의 비난을 당하게 될 것이다. 차라리 미련한 자의 수준까지 자기 자신을 낮추지 않고 선으로 악을 이김으로써(25:21 이하), 그는 미련한 자의 어리석음이 무엇인지를 드러내야 한다. 현명한 사람들은 어리석음을 묵묵히 받아들이고 참아내서는 안 되며, 또한 그것에 의해서 미련한 자들이 어리석음 속에 더욱 굳어져버리게 해서도 안 된다.

---

9. '참새(sparrow)'와 '제비(swallow)'는 해설적인 어휘들이다. 새들의 정확한 유형이나 종류는 확실하지 않다.

본문: 제2부(6-10절)_____ 6 - 10절에 나오는 5개의 격언은 부정적인 면에서도 중요한 주제를 전개하기 위하여 창조된 질서로부터 나오는 부정적인 이미지들을 사용하면서 서문의 형식으로 되돌아간다. 이들 격언들은 '영예' 가 의미하는 것이 무엇인지, 그리고 왜 영예가 미련한 자에게 적절하지 않은지에 대한 답변을 준다. 그러나 이 격언들은 그 주장을 전개하기 위하여 인상적이면서도 어리석은 이미지들에 대한 비유의 수준을 높인다.[10] 인격을 지니지 않은 날씨(1절)와 동물들(1-3절)로부터 이미지들을 끌어내는 대신에, 인간의 영역으로부터, 불구자들과(6-7절) 어리석은 사람들로부터(9-10절) 이미지들을 끌어낸다. 그 중심에는 '어리석게 돌을 물매에 매는 사람' 이 세워져 있다(8절).

6절과 7절은 불구자들에 대한 이미지들을 현명하게 묶었을 뿐만 아니라 '발' (raglayim)과 '다리' (shoqayim)의 이미지들에 의해 서로 연결되어진다. 양쪽 이미지들 모두 특별히 같은 구문, 히브리어의 이중 숫자를 공유한다. 8절과 9절은 미친 사람들에 관한 이미지들을 현명하게 묶었을 뿐만 아니라 '술 취한자' (shikkor)와 '고용한 자' (shoker)와 같은 (같은 음의 말로 하는) 익살에 의해서 서로 연결되어진다. 익살이 현명한 묶음에 도움을 준다는 것은 명확한 일이다.

듀안 가렛(Duan Garrett)은 편집자들이 이 격언들을 교차대구법으로 배열했다는 것을 보여준다.[11]

---

10. 이미지들이 너무 창조적이고 불합리하여 보행자와 그 이미지들을 길들이기를 원하는 단조로운 해설자들을 혼동시킨다. NIV조차도 9절 상반절의 "가시덤불이 술 취한 자의 손에서 자라고"라는 통상적인 의미를 "술 취한 자의 손에 든 가시나무"라고 바꾸고 있다. Delitzsch는 이러한 NIV의 입장을 성경적 히브리어로부터가 아닌 유태교의 불성문율적 히브리어로부터 방어하고 있다. 그리고 나의 연구는 그의 사전 편집법에 이의를 제기한다.

11. Duane A. Garrett, Proverbs, Ecclesiastes, Song of Songs, The New American Commentary 14 (Nashville: Broadman, 1993), 212.

A : 미련한 자에게 중요한 일을 맡기는 것(6절)
　　　　B : 미련한 자의 입의 잠언(7절)
　　　　　C : 미련한 자에게 영예를 주는 것(8절)
　　　　B : 미련한 자의 입의 잠언(9절)
　　　A : 미련한 자에게 중요한 일을 맡기는 것(10절)

　편집자들은 중심부의 양편에서 표제어들의 과장된 형태이자 내적 핵심 부분인 '미련한 자의 입의 잠언'을 축어적으로 되풀이함으로써 교차대구를 그려간다. 그것의 외적인 핵심 부분은 미련한 자를 고용하는 것과 관계가 있는데, 미련한 편에 기별하는 것도 그 중 하나이다.

　이러한 교차대구법의 견지에서 볼 때, 8절이 중심부이고, 또한 본문과 결론의 중심인 이 절은 이 작품의 중심 사상을 점점 큰 소리로 되풀이하고 있다는 것이 명확해진다. "미련한 자에게는 영예가 적당하지 않다." 요약 문장(1절)인 결정적 단어들을 축어적으로 되풀이하면서, 소리의 강도는 중심부의 확정적 표제어인 '미련한 자에게 영예를 주는 것'(lekesil kabod)에 의해 증가된다. 어리석게 돌을 물매에 매는 사람은 요약 부분에서 단조로운 이미지를 풍긴다(1절). 그로부터 멀리 돌(즉 미련한 자)을 던지는 대신에, 어리석게 돌을 물매에 매는 사람(즉 미련한 자에게 영예를 주는 자)은, 그것이 돌아와서 자신의 머리를 강타하게 돌을 매는 것이다. 8절의 구문 - k 'like' + ken 'so'는 소리의 강도를 더욱 높인다. 마지막으로 이러한 사전적, 구문론적, 그리고 주제적인 연결과 더불어, sippor('참새'), deror('제비') 그리고 seror('묶음')과 같은(같은 음의 말로 하는) 익살의 한 형태인 유음은 되풀이되는 말의 소리를 한껏 크게 한다.

　이 작품의 주제에 초점을 맞추는 것과 더불어, 중심부 주변에 있는 B 단시들은 어떻게 사람이 미련한 자들에게 영예를 주는지를 조명해준다. 그것들의 내적인 핵심 부분은 미련한 자의 입으로 잠언을 표현하는 것과(7, 9절) 미련한 자들에게 일을 맡기거나 그들을 고용하는 것(6, 10절)에 대한 외적인 구조를 지적하고 있다.[12] '잠언'(mashal)이란 주제를 우선적으로 생각할 때, 이 용어가 지혜의 말씀에 대해 가장 경의를 표하는 용어란 점을 주목하라. 그렇지 않다면 그것은 솔로몬의 잠언에만 사용되어진다(1:1, 10:1, 25:1). 다른 현명한 말씀들은 '지혜로운 자의 말'이라고 불리워진다(1:6, 22:17, 24:23, 30:1, 31:1 참조). 일의 위탁이란 주제를 생각할 때, 고대 근동에서 경의를 표하는 일을 맡는 것은 실로 최고의 영예였다는 것을 주목해야 한다. 그 세계에서 메신저는 사실상 보낸 사람의 전권 사절이었다. 그러나 어떤 종류의 수고에 대해서 미련한 자에게 영예를 주는 것은 위험하다. 요컨대 사람은 미련한 자에게 잠언의 교육을 하거나 그를 고용함으로써 그를 영예롭게 할 수 있다.

결국 중심부 주변의 격언인 A 단시들은 왜 미련한 자들에게 영예가 적당하지 않은지를 상세히 설명한다. 이 이미지들은 사람에게 해를 입히는 단계로부터(6-7절) 널리 사회에 해를 입히는 단계까지(9-10절) 미련한 자들을 영예롭게 하는 것의 위험성을 높여간다.

자기의 발을 베어버리는 것(6절)과 힘 없이 달린 다리(7절)의 이미지는 각각 미련한 자에게 영예를 주는 것은 주는 사람에게 해를 입히고, 잠언을 교육받은 미련한 자를 우습게 보이도록 만든다는 것을 의미한다. 미련한 자의 편에 기별하는 것은 자기의 발을 베어버리는 것만큼 이상한 행위이고, 독약을 마시는 것만큼 치명적인 행위이다. 메시지를 받는 사람을 격노케 함으로써, 그 결과는 자신에게 발 한 쌍을 더해주기보다는, 오히려 그 정반대인 자

---

12. 술 취한 자의 손에서 자라고 있는 가시덤불의 이미지는 불완전한 은유이다. 가시덤불은 어떠한 손 안에서도 자라지 않는다. 그러나 그 이미지는 식물이 그곳에서 자라나는 데 시간이 걸리는 것처럼, 어리석은 자가 잠언을 기억하는 데에도 시간이 걸린다는 것을 깨닫게 한다. 그것들이 그의 입으로 들어가는 데에는 그 밖에 다른 방법이 없지 않은가?

신을 절름발이로 만드는 것과 동일한 것이 된다.

더욱이, 그에게 어울리지 않는 교육을 통하여 얻었을지도 모르는 미련한 자의 입의 잠언은(7절) 비합리적이고 무가치하다. 절름발이가 여전히 다리는 가지고 있으나 그것이 그의 몸에 느슨하고 불확실하게 달려 있기 때문에 이동을 위해서 그것을 사용할 수 없듯이, 미련한 자의 입의 잠언은 영향력도 없고 아무런 효과도 없다. 잠언은 독자들로 하여금 잠언의 도덕적 진실성과 그들이 처한 환경 사이에 연결점을 만들어내기 위한 상상력을 발휘하게 하는 것과 그 결과로 그들의 행동을 변화시키는 것을 목적으로 한다. 만일 사정이 달랐더라면 훌륭하였을 잠언은 미련한 자가 부적절하게 획득함으로 인해(17:16) 미련한 자의 입에서 효과가 없게 된다.[13] 미련한 자는 도덕적으로 너무 둔감해서 잠언을 적절히 말할 수 없고 또한 "자신의 인격으로 인해 잠언의 효과를 없게 한다."[14]

그러나 어리석거나 가치가 없는 것보다 더 나쁜 것은(6-7절), 잘못하여 영예를 받은 미련한 자는 널리 사회에까지 해악을 미치는데, 심지어는 치명적이기까지 하다(9-10절). 그는 가시나무를 손에 든 술취한 자[15] 그리고 미친 궁술가와 같다. 잠언 20장 1절에서 술 취한 자들은 거만한 자, 그리고 말다툼하는 자로 상징된다. 술 취한 자의 손에 든 가시나무는 어린아이의 손에 있는 잠언의 화기(火器)와 같다.[16] 오늘날 우리들은 일반적으로 술을 마시면 운전하지 말라고 말한다.[17] 지혜자의 입의 잠언은 치료하는 역할을

---

13. Meinhold, Die Sprueche, 439.
14. Garrett, Proverbs, Ecclesiastes, Song of Songs, 212.
15. 구약의 술 취한 자는 정신을 차리지 못하는 부랑자가 아니다. 술 취한 것에 관한 13개의 관련된 참고문은 명백하게 그리고 추론적으로 왕들(왕상 16:9, 20:16, 사 28:1, 3) 그리고 부자들(삼상 25:36)에 대하여 언급하고 있는데, 그들은 요구되는 많은 것들을 지불할 여유가 있다.
16. So W. Gunther Plaut, Book of Proverbs, The Jewish Commentary for Bible Readers (New York: Union of American Hebrew Congregations, 1961), 268.
17. So Raymond C. Van Leeuwen, The Book of Proverbs, The New Interpreter's Bible, vol. 5(Nashville: Abingdon, 1997), 225.

하나, 미련한 자의 입의 잠언은 사람에게 상처를 입히고 괴롭히는 역할을 한다. 미련한 자나 사특한 자의 말은 위험스러우나(10:32, 11:9, 11, 12:18, 13:16 하, 14:3 등), 미련한 자들이 습득한 훌륭한 지혜의 잠언을 파괴적인 목적을 위해서 전혀 다른 용도로 사용하는 것은 더욱더 나쁜 결과를 초래한다.[18]

미련한 자를 교육하거나 고용함으로써 발생하는 치명적인 위험을 암시하기 위하여, 편집자는 자기 손에 든 가시나무를 흔들면서 떠드는 술 취한 자로부터 활을 쏘는 난폭한 궁술가까지 이미지를 증대시킨다. 현대의 테러리스트와 같은 이러한 위험한 인물은 그의 시야와 활동 범위 내에 있는 사람들을 함부로 죽인다. 미련한 자에게 영예를 주는 것은 정말로 '적당하지 않다!'

결론(11-12절) 히브리 구문론에 따라 새로운 부분으로 구분할 수도 있다. 머릿글자 k는 11절, 서론(1-2절), 그리고 중심부에만 나타난다. 어쨌든 마지막 2개의 격언인 11절, 12절은 '미련한 자의 거울'의 결론 부분이다. 포괄적인 구조는 그것들 가운데 첫째 절(11절)을 서론과 연결한다. 1, 2절처럼 이 격언은 인간의 영역(6-10절)이 아니라, 동물의 영역(참새/제비: 2절, 말/나귀: 3절, 개: 11절)에서 부정적인 이미지를 이끌어낸다. 두번째 격언인 12절은 '스스로 지혜롭게 여기는 자'(5절)는 표제어에 의하여 본문과 연결된다. 그러한 연관성은 결론 부분이 훈계들처럼 훈련이 미련한 자에게 적절하다는 단락의 긍정적인 반대 주제를 상세히 설명하고 있음을 시사하고 있다.

11절은 미련한 자는 자기 스스로를 구원할 수 없다는 것을 단언하고 있

---

18. So Meinhold, Die Sprueche, 440.

다. 교체 형식(ABC::A' B' C')을 이용해서 이 격언은 미련한 자를 멸시할 만한 개와, 그의 유해한 어리석음을 개의 토하는 것과, 미련한 자의 고집을 토한 것에 다시 와서 냄새 맡고, 핥고, 마지막으로 그것을 게걸스럽게 먹어 치우는 개의 불쾌한 본성과 병렬하여 놓고 있다. 이미지(개)와 주제(미련한 자)에 있어서, 육체는 불쾌한 대상(토한 것과 미련한 것)을 거절하였으나, 개와 미련한 자의 타락한 영혼이 그것을 간절히 원하고 있다. 음식에 독이 들어 있어도 그들의 식욕에는 아무런 영향을 끼치지 못한다(15:14, 17:10, 27:22).

11절에서 미련한 자는 미련한 것을 간절히 원한다. 그러므로 자신의 실수로부터 아무것도 배울 수 없기 때문에 자기 자신을 구원할 수 없게 되고, 이로 인해 웃음거리가 되어 있다. 12절은 육체적인 처벌과 지혜로운 대답을 통하여 미련한 자의 구원에 대한 희망의 문을 보다 활짝 열었다. 현인들은 회초리가 미련한 자에게 적당하다는 것을 제안함으로써 그 문을 열게 했다. 그들은 미련한 자가 '스스로 지혜롭게 여기는 자'가 되기 전에 지혜롭게 반박하는 훈계에 의하여 그 문을 좀 더 열리도록 만들었다. 결론적으로 그들은 그들이 할 수 있는 만큼 넓게 희망의 문을 열 수 있게 된다. '평범한 미련한 자'(Garrett)는 하나의 장애물, 즉 윤리적인 어리석음을 가지고 있고, 미혹당한 미련한 자는 두 개의 장애물, 즉 어리석음과 자만을 가지고 있다. 마지막 말씀은 후자에서 보다 전자에 구원의 희망이 더욱더 크다는 것을 표현하고 있다. 서로 연결되어지는 말씀들은(3, 4-5, 11-12) 미련한 자가 자신의 실수로부터 배울 수 없을지라도, 아마도 그는 적절한 때 지혜로운 교정에 의해서 구원받을 수 있다는 것을 제시하고 있다.

12절은 다음 작품에 대한 야누스(janus)로서 작용한다. 현인들은 전술한 말씀들의 구조를 빼버림으로써 새로운 주제를 위해 미련한 자를 놔둔 채 잊어버리려 한다는 것을 나타낸다. 미련한 자를 평가하기 위한 기준으로서 창조되어진 질서로부터 얻어진 부정적인 이미지들을 사용하는 대신에, 이번에는 스스로 지혜롭게 여기는 자와 비교하는 기준으로서 미련한 자가 사용된다. 말씀은 미련한 자로부터 자만심으로 자신의 성곽을 두른 나태한 자로 아들의 시선을 옮긴다.

결론

위의 구절들의 중심 사상은 바로 설명되어질 수 있다. 미련한 자를 잠언을 가지고 교육시키거나 그에게 책임이 무거운 일을 맡김으로써 그를 영예롭게 하는 것은 적절하지 않고, 아주 위험한 일이라고 할 수 있다. 오히려 그를 처벌하거나 견책하는 것이 더욱 적절하다고 할 수 있다.

로빈슨의 설교법을 이렇게 명백한 명문집에 적용한다는 것은 매우 어렵기 때문에, 나는 신중하게 잠언서로부터 본문을 발췌했다. 접속사들이(예를 들어, '그리고' '때문에' '그러므로') 부족한 이러한 명문집에서, 시학이 선택된 주제에 대한 보조 역할을 할 수 있다면, 이것은 포티어리(fortiori) 어법의 논리가 구약의 어떤 부분에서도 적용 될 수 있고, 그리고 적용되어지고 있을지도 모른다는 것을 시사한다. 그러나 시학은 히브리어로 쓰여진 성경에서 가장 큰 효과를 발휘한다. 불행하게도 성경을 영어로 번역한 번역가들은 - 나도 그 가운데 하나이지만 - 최초의 청중들만큼 문학적 소양을 갖추지 못했다. 구약의 저자들은 그들의 난해한 단서들을 의미에 일치시킬 수 있고 올바르게 그 본문을 이해할 수 있는 청중들을 기대했으나, 오늘날에는 번역자들만이 그러한 것들을 익혀가고 있는중이다.

우리가 예를 든 본문의 중심 사상은 지혜로운 자에게 영예를 주는 것이 적절하고, 그에게 선언된 축복들은 정착지가 있다는 것과 비교되는 뒷면이 된다. 이러한 뒷면이 내가 이 예문을 선택했던 또 하나의 이유이다. 이 글을 쓴 목적은 존경하는 친구 로빈슨을 기념하기 위해서인데, 그의 이름은 주제별 설교를 강해 설교와 결합시킨 이론과 동의어가 되어왔다. 하지만 이 글의 요점을 이해하기 위해서는 이 책의 전체적 견지에서 이 짧은 기고문을 읽어야 한다.

심화 학습

개념 이해하기
1. 이 장의 주제는 무엇인가?
2. 이 장은 주제에 관하여 무엇을 이야기하고 있는가?

개념 적용하기
1. 시학의 요소들은 무엇이며 설교자는 설교를 전개하는 데 있어서 그것들을 어떻게 사용할 수 있는가?
2. 설교자가 시학을 다룰 때 무엇을 가지고 '중심 사상'을 인식해야만 하는가?
3. 설교를 준비하는 데 있어서 평론적인 문학 자료의 역할은 무엇인가?

추천 도서

Alter, Robert. The Art of Biblical Narrative. New York: Basic Books, 1981.

Alter, Robert, and Frank Kermode, eds. The Literary Guide to the Bible. Cambridge, Mass.: Belknap, 1987.

Berlin, Adele. Poetics and Interpretation of Biblical Literature. JSOT, Supplements Series; Bible and Literature Series, no. 9. Sheffield, England: Almond, 1983.

Greidanus, Sidney. The Modern Preacher and the Ancient Text: Interpreting and Preaching Biblical Literature. Grand Rapids: Eerdmans, 1988.

Long, Thomas. Preaching and the Literary Forms of the Bible. Philadelphia: Fortress, 1989.

Longman, Tremper, III. Literary Approaches to Biblical Interpretation. Grand Rapids: Zondervan, 1987.

듀안 릿핀(Duane Litfin)

일리노이 주에 위치한 휘튼 대학의 학장이다. 그는 달라스 신학교에서 10년 동안 설교를 가르쳤고, 그리고 인디애나 주와 테네시 주에서 목회를 하고 있다. 그는 달라스 신학교에서 신학 석사학위를, 퍼듀 대학교에서 커뮤니케이션 전공으로 철학 박사학위(Ph. D.)를, 그리고 옥스포드 대학에서 신약 성경 연구로 철학 박사학위(D. Phil.)를 받았다.

중심 사상 설교를 위한 신약의 도전 과제들

듀안 릿핀(Duane Litfin)

  나는 30년 이상이나 로빈슨을 나의 스승, 멘토, 동료 그리고 무엇보다도 친구라고 부르는 특권을 누려왔다. 그 동안 우리는 셀 수 없는 많은 시간들을 설교에 관하여 논하면서 보냈다. 다른 일들에 관해서도 이야기하였으나 어쩐 일인지 주제는 항상 설교로 돌아왔다. 그 주제에 관하여 내가 아는 것의 대부분은 로빈슨으로부터 배운 것이다.

  로빈슨과 함께 일했던 몇 십 년 동안의 경험에 근거하여, 나는 - 그가 주장한 방법으로 - 신약에 관해서 강해 설교를 하려고 할 때 우리가 직면하는 몇 가지 특별한 도전 관계를 파악하고자 한다. 그러나 우선적으로 나는 고백해야만 한다. 그리고 몇 가지의 중요한 해결해야 할 사항들을 생각해볼 것을 제의한다.

고백

  사람들이 로빈슨의 설교 접근법에 관하여 생각할 때, 우리가 그의 설교를 들으면 전형적으로 이것을 알 수 있듯이, 독창적인 개요, 사람의 마음을 사로잡는 예증 자료, 재치 넘치는 언어, 완벽한 타이밍과 인상적인 미사여구로 전달되어지는 모든 것을 마음속에 그리도록 유혹받을지도 모른다. 그러나 이러한 것들을 만들어내는 그의 능력이 자신이나 다른 사람에게 있어서 전설적이긴 하지만, 그러한 특징이 그의 설교 이론을 특징 지우는 것이 아니기 때문에 우선은 그러한 것들을 생각하지 않는 편이 나을지도 모른다. 또한 일반적으로 '중심 사상' 설교로서의 그의 접근법에 관하여 언급할 때 사람들은 그러한 것들을 염두에 두지도 않는다.

설교에 대한 그의 접근법의 두드러진 특징은 로빈슨 자신이 설교법 이론의 핵심에 위치하고 있는 두 가지의 필수적인 책무들을 해결해왔던 독창적이고 일관적인 방법에 있다. 오랜 세월에 걸쳐서 다른 사람들도 동일한 책무들에 대해 경의를 표해왔으나, 그 어떤 사람도 로빈슨보다 효과적이지 못했던 것으로 생각된다.

이들 책무들의 첫번째는 강해 설교에 대한 것이다.

강해에 대해 로빈슨이 꾸준히 실행하는 것은 성경은 영원히 신뢰할 만한 문자화된 하나님의 말씀이므로, 따라서 그 자체로 기독교인의 신앙과 행동에 관한 유일한 규칙이라는 교회의 오랜 신념에서 기인한다. 이러한 예로부터의 주장은 설교가 최대한도의 효과를 발휘하기 위해서는 강해이어야만 될 것을 제안한다. 즉 우리가 진실로 하나님의 말씀을 선포하려 한다면, 설교 내용이 성경 구절의 연구로부터 끌어내어져야 되고 - 비록 반대가 있기는 하지만 - 성경 구절의 연구를 통하여 전달되어야 한다. 지금 말한 것을 좀 더 정확하게 말하면 설교는 강해라는 것이다.

로빈슨의 두번째 기본적인 책무는 효과적인 전달에 관한 것이다.

오래전에 로빈슨은 인간의 전달에 관한 필생의 연구를 시작했다. 연구 결과, 그 분야의 가장 중요한 통찰들 중의 하나에 관해 이해하게 되었다. 즉 우리 인간들은 일반적으로 개념 안에서 생각하고 전달하는데, 우리는 '이야기의 단위'라고 부를 수 있는 것에서 그것들을 서로에게 전달한다.

이야기의 가장 작은 구성 단위는 단순하고 문법적으로 흠잡을 데가 없는 서술문이다. 이러한 문장은 정의상 하나의 개념을 구성한다. 즉 그것은 어떤 것에 관하여 서술되어지는 것으로 구성된다. 우리는 이러한 가장 작은 단위들을 - 적어도 효과적으로 전달하고자 할 때 - 선택한 전달의 유형에 따라 절(節), 단락, 성구의 구절들(pericopes), 또는 연(聯)과 같은 보다 큰 단위로 구성한다. 더구나 보다 큰 구성 단위들은 - 다시 우리가 우리 자신이 가지고 있는 사상을 가장 효과적으로 체계화시키려고 할 때 - 그것들 자신의 단일한 개념을 가질 것이다. 실제로 이것이 우리가 갖고 있는 사상들을 구성 단위들로 표현하는 것이다. 말하자면, 각 구성 단위에 '통일성' '단일성'을 주는 것이 바로 중심 개념의 존재인 것이다.

만일 이것이 가까이 하기 어려울 정도로 추상적이고 복잡하게 보인다면, 그러한 이야기 단위를 다루는 데 있어서 우리가 잘 훈련되어져 있다는 사실에 위로받을지도 모른다. 왜냐하면 이것은 우리가 서로에게 의사 전달하는 언어를 사용할 때마다 행하는 것이기 때문이다. 내가 이야기의 다양한 단위들을 당신이 이해할 수 있는 하나의 유형으로 체계화시키려고 시도하고 있기 때문에, 그것은 사실상 이 순간에도 일어나고 있는 것이다.

다른 한편으로, 내가 복잡한 주제를 너무 단순하게 만들었던 것 같기까지 하다. 시간과 지면의 부족으로 그것은 어쩔 수 없다. 그러나 핵심의 통찰은 확고하다. 그것은 수 천 년 동안 인간 행동에 관한 역사상 가장 영민한 관찰자들 중의 일부로 하여금 효과적인 의사 전달자들이 그들의 연설을 막연한 한 묶음의 개념이 아니라 하나의 중요한 '중심 되는' 개념 주위에 체계화시키는 경향이 있다는 것을 주목하도록 이끄는 통찰력이다. 효과적인 연설가들은 이러한 통찰에 순응하기 위해서 노력하는데, 그 결과 청중의 이해하는 능력이 향상된다.

이것이 '중심 사상' 설교란 명칭을 끌어들였던 로빈슨의 가르침의 차원을 단단히 묶는 원칙이다. 이것이 전술한 성경에 대한 실행과 조화되어질 때 자연스럽게 여러 가지 결론이 도출된다.

첫째로, 하나님은 인간이 일상적으로 사용하는 언어의 형태로 그의 문자화된 계시를 전달하기로 선택하셨기 때문에 전달은 당연히 체계화된 여러 구성 단위로 짜여진 이야기로 이루어질 것이다. 다시 말해서, 우리가 계시를 이해하기 위해서는 이러한 구성 단위들을 이해하여야 하고 그것들이 구체적으로 표현하고 있는 개념들을 발견해야 한다.

둘째로, 우리가 청중에게 메시지를 효과적으로 전달하려 한다면, 우리의 메시지들도 또한 중심 사상이 구체화된 것이어야 한다.

셋째로, 그 개념이 하나님의 권위를 지니려 한다면, 그것은 그 개념의 문맥 안에서 성경 구절의 '연구로부터 도출되고' 또한 이상적으로 그것을 '통하여 전달되는' 것이어야 한다.

넷째로, 강해 설교를 위하여 선택되는 성경 구절들은 단지 두서없이 집단화된 구절들이 아니라, 효과적인 이야기의 구성 단위들이어야 한다. 두서없이 집단화된 구절들에서 중심 사상이 발전될 수 없다는 것은 자명한 일이다. 그러므로 이러한 구절들을 가지고 중심 사상을 설교하려는 어떠한 시도도 본문을 바르게 나타내는 데 반드시 실패하게 될 것이다. 이와 반대로 논리적인 구성 단위로 짜여진 이야기는 그것이 중심 사상을 구체적으로 표현한다는 사실에 의해서 특징지어진다. 즉 그러한 구절들에 대한 충실한 강해도 또한 중심 사상을 나타내게 될 것이다.

로빈슨은 우리들이 성경의 본문을 충실히 다루려 한다면, 본문에 내포되어 있는 개념의 높이에서 본문에 귀를 기울여야 한다고 가르쳐왔다. 이것은 우리가 성경의 본문에 나오는 이야기의 구성 단위들을 식별하고 신중히 다루어야만 한다는 것을 의미한다. 역으로 말해서, 또한 우리가 청중에게 효과적으로 전달하려 한다면, 메시지들도 각각 그것의 중심된 개념을 지닌 명확한 구성 단위들로 짜여진 이야기로 이루어져야 한다.

다행스럽게도, 이들 두 가지의 필수 사항들은 인간이 언어를 사용하는 방법에 대한 동일한 기본적인 통찰력으로부터 유래되었기 때문에 아주 밀접한 협력 관계에 있다. 강해자의 설교는 한 단위의 이야기로 구성되어진다. 즉 적든지 많든지 간에 단일하고 중요한 개념의 정교한 발달로 구성된다. 왜냐하면 그것은 성경 단위의 이야기로 이루어진 강해로 구성되기 때문이다.

로빈슨은 강해에 관한 강조이든지, 완전한 개념들을 다루는 것에 관한 강조이든지 간에, 그가 홀로 주장하는 것이 아니라고 말했던 첫번째 사람이었을 것이다. 이러한 강조들은 결코 만들어낸 것이 아니라 몇 세기에 걸친 최고의 사상을 나타내고 있는 것이고, 그는 단지 당대에 그것을 다시 설명하고 있을 뿐이라고 주장한다. 그가 대부분의 사람들보다 더욱더 효과적으로 수행해왔다는 것에 그와 같이 연구해왔던 어떤 사람도 토를 달지 않을 것이다.

그러나 그가 우리에게 제안하는 것은 새로이 고안된 것도 아니고, 어떤 유행을 따르는 방법도 아니며, 더욱이 많은 접근 방법 중에서 단지 하나 이상의 것도 아니라는 것을 기억하는 것이 중요하다. 그가 제안하는 것은 근본적인 원칙들의 창조적인 적용이다. 그의 가르침에 본질을 부여하는 것이 바로 이것이다.

신약 강해를 위한 10가지 도전 과제들

로빈슨의 제자들이 앞으로 증언하듯이, 이러한 종류의 설교는 많은 도전 과제들을 주고 있는데, 이러한 것들은 우리가 구절들을 구약에서 인용했든지, 혹은 신약에서 인용했든지 간에 직면하게 되는 과제들이다.

예를 들어서 인용한 구절이 무엇이든지 간에, 이러한 종류의 설교는 명확하고 엄격한 사고를 필요로 한다. 로빈슨은 "사고는 힘든 일이고, 사고에 대하여 사고하는 것은 더욱더 힘든 일이다"라고 이야기한다. 우리가 논하고자 하는 강해는 양쪽에 관해 상당한 지면을 필요로 한다. 저자가 가지고 있는 생각을 명확히 이해하는 데 최선을 다하고, 우리 자신이 가지고 있는 생각을 명확히 하는 데 최선을 다하는 것은 정신적으로 게으른 자에게는 해당되지 않는다. 저자가 말하고 있는 것을 완전하고 정확히 이해해서 자신의 것으로 만드는 데에는 대체적으로 오랜 시간이 필요하다.

그렇다면 그 메시지와 그것에 내포된 의미들을 우리의 청중에게 충실하고 창조적으로 전달할 그러한 메시지를 만드는 데에도 마찬가지로 오랜 시간의 노력이 필요하다. 그것은 심신을 지치게 하는 작업일 수 있다.

더구나, 이것은 종종 일반 주석서들이 도움을 제공하지 않는 영역이다. 만일 우리들이 성경 구절의 역사적인 배경, 그 구절의 문법이 갖고 있는 어떤 기술적인 면, 혹은 중요 용어의 어원에 대한 통찰을 필요로 한다면, 주석서들이 종종 훌륭한 도움 자료가 될 것이다. 그러나 예를 들어, 주석서들이 성경 본문의 상세한 문장 전체의 개요들, 구성단위를 사용하여 완전한 관념의 형식으로 저자가 갖고 있는 생각을 기획한 개요들을 얼마나 많이 제공할 수 있겠는가? 이러한 일반적인 단점으로 인하여 강해자들은 그러한 완전한 개념들을 스스로 파악해야 하는 어려운 임무를 안고 있다.

그러나 우리의 도전 과제 중의 일부는 성경의 일정한 부분에만 관계된 독특한 것이다. 다음에 열거된 것은 포괄적인 목록도 아니고, 이들 항목들 가운데 일부가 구약에 그것들이 해당되는 부분이 없는 것도 아니다. 그러나 다음의 사항들은 '중심 사상 강해자들이' 신약에 관해 설명할 때 부딪히는 가장 일반적인 도전 과제들 가운데 10가지다.

1. **원문에서의 구절 구분점의 부재(不在)**_____ 우리는 성경의 이야기 구성 단위의 결정이 강해 작업에 매우 중요하다는 것을 이야기해왔다. 왜냐하면 이러한 결정으로부터 우리 자신뿐만 아니라 저자가 생각하고 있는 중심 사상을 이해할 수 있기 때문이다. 그러나 때때로 성경의 이야기 구성 단위들은 식별하기 어려울 수 있다. 그 이유 가운데 하나는 원문에 구두점이나 구절 구분점이 부족하기 때문이다.

현대의 독자들은 구두점과 구절 구분점이 우리가 읽는 모든 책들의 본질적인 요소이기 때문에 그것들을 당연한 것으로 받아들이고 있다. 그러나 성경 본문을 구성하고 있는 그리스어는 최소의 구두점만을 지니고 있고, 그리고 구절 구분점들은 거의 지니고 있지 않다. 그리스어는 독자들이 스스로 적절한 구성 단위로 분할해야 하는 문자들의 연속으로 이루어져 있다.

대체로 최초의 독자들은 저자의 개념들을 '정확히 분할' 하기 위하여 어느 곳에 구분점을 찍어야 하는지를 직관적으로 알았다. 현대의 독자들은 최초의 독자들에 비해서 대체적으로 직관력이 부족하다. 다행히 이러한 결점은 해석의 솜씨, 경험, 최선의 노력에 의해서 충분히 상쇄되어질 수 있다. 그러한 솜씨와 경험을 습득해서 그것들을 구체적인 본문에 적용하도록 노력을 경주하는 것이 강해자의 가장 중요한 도전 과제들 가운데 하나이다.

2. 본문의 잘못된 구분점들의 존재_____ 위에 제시된 문제들을 해결하는 것을 돕기 위하여, 다양한 구분점들이 오랜 세월에 걸쳐서 성경의 본문에 만들어 넣어졌다. 장과 연의 구분은 수세기 전에 이루어져서 현대의 독자들을 위해서 표준화되는 경향이 있으나, 절과 단락의 구분들은 아직도 사용하는 본문이 그리스어판이냐, 영어판이냐에 따라서 다소 다르다. 이들 구분점들은 일반적으로 문제를 해결하기 위해서 많은 기도와 연구, 그리고 자주 토론을 해왔던 유능한 사람들에 의해서 본문에 설정되어졌다. 따라서 이들 구분점들은 일반적으로 저자가 가지고 있는 생각을 정확히 표현하고, 현대의 독자들이 개념의 흐름을 이해하도록 도와준다. 그러나 거기에는 잠재적인 하강 부분(downside)이 있다.

대부분의 경우에 있어서 구분은 저자와는 다른 누군가가 내린 판단을 표현한 것이기 때문에, 이러한 구분들이 마치 원본의 권위를 지니고 있는 것처럼 간주되어질 수는 없다. 때로는 이러한 구분들이 전혀 도움이 되지 못하는 것으로 판명되기도 하고, 때로는 그것들이 아주 틀리기도 하다. 우리에게 도움을 줄 의도로 설정되었던 구분들이 저자가 갖고 있는 생각을 드러내기보다는, 오히려 그것을 모호하게 왜곡하는 결과를 낳는다.

예를 들면, 히브리서 10장 19-25절과 12장 1-3절의 비유는 히브리서 12장 28-29절이 극히 잘못 놓여짐에 따라 그 장이 중단된 것을 시사할 수도 있다. 이러한 경우에 잘못된 본문의 구분들은 강해자에게 이중의 문제를 제시한다.

첫째로, 잘못된 구분점은 별 문제로 하고, 그것들은 새로운 눈으로 본문을 보는 것을 어렵게 만든다. 둘째로, 그것들은 효과적인 강해를 더욱 어렵게 만드는데, 그 이유는 청중들이 이미 그들 앞에 구분을 가지고 있기 때문이다. 그러나 저자의 이야기 구성 단위들의 정확한 결정은 대단히 중요하기 때문에 '중심 사상 강해자'는 본문에 대한 선택 사항들을 기꺼이 평가하고, 구분에 대한 이유들을 파악하며, 그리고 때로는 편집자의 결정을 무효화해야 한다.

3. 주석의 모호한 점들_____ 다른 언어처럼, 표준 그리스어인 코이니(신약성경이 이것으로 기록됨)는 유창하게 모국어를 말하는 사람만이 즉시 이해할 수 있는 고착화된 뉘앙스들을 가지고 있다. 오늘날 우리들은 고된 작업과 현명한 주석학적 판단을 통하여서만이 이들 뉘앙스들 중에서 많은 부분을 알아낼 수 있다.

이것의 가장 두드러진 예들 가운데 하나는 그리스어의 분사이다. 본질적으로 애매모호한 그리스어의 분사들은 신약 강해자들의 가장 흥미로운 도전 과제 가운데 하나이다. 주어진 분사는 일시적으로, 우연히, 조건부로, 또는 어떤 다른 방식으로 해석되어야만 하는가? 신약에서, 특별히 사도 서신에서, 저자가 갖고 있는 생각에 관한 우리의 이해는 때때로 우리가 하나의 분사를 어떻게 해석하는가에 달려 있다.

또 다른 예는 그리스어의 격 체계이다. 그리스어 격들의 의미론상의 강조는 다소 잘 이해되지만, 이것이 저자의 의도에 관한 어려운 결정을 배제시키지는 못한다. 전형적인 예는 고린도후서 5장 14절에서 발견된다. 바울이 그리스도의 사랑에 관하여 말하기 위해서 소유격을 사용했을 때, 그가 '그리스도에 대한 나의 사랑' (목적격 소유격)을 의도하고 있는 것인가, 아니면 '나에 대한 그리스도의 사랑' (주격 소유격)을 의도하고 있는 것인가? 우리가 이러한 어려운 문제에 관하여 결정하는 것은 우리의 중심 사상에 중대한 영향을 미칠지도 모른다.

4. 신약에서의 구약의 사용_____ 강해자에게 있어서 또 다른 독특한 도전 과제는 신약에서 구약을 사용한 것에서 비롯된 복잡한 문제

이다. 뜻밖에 인용된 구절들을 만나게 되었을 때, 구약의 저자가 의도한 개념들을 탐구해야 하는가? 아니면, 신약의 저자들의 개념을 탐구해야 하는가? 신약의 저자들은 이러한 개념들을 필연적으로 동일한 것으로 보고 구약을 사용했을까? 아니면 적어도 겹치는 것으로 보고 사용했을까? 아니면 때로는 다른 것으로 보고 사용했을까? 어느 정도 , 어떤 방식으로 사용했을까?

성령이 양편의 인용 구절의 원저자라는 사실이 우리가 결론을 내리는 데 얼마만큼 영향을 미칠 것인가? 설교의 차원에서 인용된 자료들을 공정하게 평가하기 위하여 각각의 경우마다 청중과 같이 구약으로 대이동을 해야만 할 것인가? 신약의 저자들이 일반적으로 히브리어로부터가 아니라, 때로는 히브리어로 쓰여진 원본과 다르게 보이는 헬라역 구약성경인 70인역으로부터 인용했다는 사실로부터 발생한 복잡한 문제들을 어떻게 다루어야만 하는가?

이러한 문제들과, 또한 유사한 문제들은 몇 세기 동안 성경에 관해 공부하는 학생들을 괴롭혀 왔는데, 많은 논의와 토론에도 불구하고 어떠한 대답도 보편적인 합의를 얻지 못하였다. 그러나 본문이 내포하고 있는 개념들에 대해 탐구해야 하는 강해자들은 이러한 문제들을 단순하게 무시할 수는 없다. 구약성경을 인용한 신약성경의 구절들은 자주 구약과 신약에 대한 놀랄 만한 통찰력을 갖게 한다는 점에서 독특한 가치가 있다. 그러나 그것들은 또한 강해 설교에 있어서 최대로 어려운 도전 과제들 몇 가지를 우리에게 제시할 수 있다.

5. 문학의 독특한 유형들 _____ 성경에 나오는 구절들을 정확하게 해석하기 위해서는 우리가 다루는 문학의 유형을 이해하는 것이 중요하다. 예를 들면 시편은 시고, 그리고 시로 다루어져야만 한다. 시편이 로마서

와 같은 서간 문학처럼 다루어져서는 안 된다. 마찬가지로, 우화들은 우화들이고, 역사적인 설화로서 다루어져서는 안 된다. 잠언도 반드시 잠언으로 다루어져야만 한다. 잠언서를 언약과 혼동해서는 안 된다. 성경 문학의 각 범주와 장르는 자신의 뚜렷한 특징들을 지니고 있으므로 그것들에 맞게 다루어져야 한다.

그러나 이것은 우리가 그 장르를 이해하고 그 장르에 속한 것으로서 우리의 자료들을 확인할 수 있음을 전제로 한다. 두 가지를 고려하면서 강해자들이 복음서를 다루게 될 때, 한 가지 문제에 직면하게 된다. 4복음서, 즉 마태복음, 마가복음, 누가복음, 요한복음은 신약의 40퍼센트 이상을 차지하고 있다. 외관상 그것들은 솔직한 역사적 이야기처럼 보인다. 그러나 이러한 외관은 학자들이 오랫동안 계속해서 토론해왔던 특징들을 가리고 있다.

예를 들면, 복음서 작가들에 대한 연대기가 얼마나 중요하였나? 복음서들은 역사의 표준 틀에 맞춘 신학인가, 아니면 신학의 표준 틀에 맞춘 역사인가? 결국 복음서들은 그들 자신만의 장르를 구성할지도 모른다. 그러나 이러한 장르의 특징들은 무엇이며, 복음서들이 이해되어지는 방식에 따른 결과는 무엇인가? 각각의 다른 의견을 지닌 복음서 강해를 양심적인 강해자들로 하여금 사람들이 추측할 수 있는 것 이상으로 도전 과제가 되게 만들면서 서로 대조되는 해결책을 제시하였다.

6. 제 2의 목소리들의 존재_____ 우리는 선택한 구절들의 중심 사상에 관하여 이야기할 때, 일반적으로 저자가 의도한 개념을 이야기한다. 그러나 구성 단위가 그 밖의 다른 사람의 이야기를 구성하는 알맞은 분절들을 포함하고는 있지만 그 분절들에만 제한되어 있지 않은 구절들은 어떻게 다루어져야 하는가? 우리는 저자의 개념과 인용되어진 화자의 개념이

항상 동일하다고 생각할 수 있을까? 만약 동일한 것으로 생각하지 않는다면, 어느 것이 그 성경 구절의 개념으로 생각되어질 수 있는가?

이러한 딜레마의 가장 일반적인 예들이 저자가 예수님의 가르침을 인용하고 요약한 복음서들에서 나타난다. 마가는 예수님이 악의 세력을 물리칠 힘을 지니신 하나님의 아들이라는 자신의 요지를 전달하기 위하여 이야기를 고안해냈다. 사단에 관한 예수님의 가르침에 초점을 맞춘 자료가 그의 이야기 속에 포함되어 있다. 이러한 구성 단위를 설교할 때, 우리가 설교하는 개념의 취지가 예수님에 관한 누가의 관점인가? 아니면, 사단에 관한 예수님의 관점인가? 이러한 복잡한 문제들을 철저히 정리하는 것이 신중한 강해자에게는 주의를 요하는 작업일 수 있다.

7. 신약성경의 목적을 결정하는 것_____ 저자의 전체적인 목적을 이해하는 것은 성경의 한 편과 그것의 많은 하위 단위들을 해석하는 데 종종 중요한 도움을 준다. 예를 들어서, 요한이 그의 복음서의 결론 부분에서 "오직 이것을 기록함은 너희로 예수께서 하나님의 아들 그리스도이심을 믿게 하려 함이요 또 너희로 믿고 그 이름을 힘입어 생명을 얻게 하려 함이니라"(20:31)고 말했을 때, 그는 예수님을 우리의 믿음의 대상으로서 나타내려는 자신의 목적을 보여주고 있다. 이것을 아는 것은 요한복음을 강해하는 동안 내내 우리가 분명한 그리스도 중심의 초점을 유지하는 데 도움을 준다.

그러나 만일 우리가 저자의 목적을 알지 못하거나 또는 확실하게 그것에 관하여 결정을 내릴 수 없다면 어떻게 될 것인가? 이러한 문제의 대표적인 예가 사도행전이다. 외관상으로 주제에 대한 문제는 아주 간단한 것처럼 보일지 모른다. 그것은 유대 자손으로부터 외부의 이방 세계로의 최초의 복음 전파에 관한 기록이다. 그렇다면 그 책의 목적은 무엇인가?

어떤 사람들은 사도행전이 단지 초대 교회의 역사적인 근거를 우리에게 보여주기 위하여 쓰여졌다고 주장한다. 만일 이 주장을 받아들인다면, 교회에 관한 그 당시의 문제들이 사도행전을 강해하는 동안 계속해서 주역을 맡을 것이다.

그러나 누가가 그의 '이전 보고서'인 누가복음을 '예수님이 행하시며 가르치기 시작한 모든 것'에 초점을 맞추어 기록했다는 것을 지적한 사도행전 1절에 초점을 맞추는 사람들도 있다. 그들은 누가의 두번째 책인 사도행전이 예수님이 행하시며 가르치기를 그의 제자들을 통하여 계속하신 모든 것을 기술할 목적으로 쓰여졌다는 것을 강조했다. 이러한 주장에 따르면 강해의 초점은 사도행전에 기록된 모든 부분에서 부활하신 그리스도가 어떻게 작용하고 계신가를 어느 정도 보여주는 쪽으로 이동한다.

그러나 사도행전이 로마에서 바울이 재판받을 때 사용되어진 준 법률 문서로 쓰여졌다고 주장하는 사람들도 있다. 이 견해에 따르면 사도행전의 목적은 로마에서 증거를 제시하고 바울에 대한 송사가 거짓이라는 것을 보여주는 것이었다. 이러한 견해와 더불어 바울의 사역은 가장 중요한 위치로 이동할지도 모른다.

사도행전을 쓴 목적에 관한 위의 견해들과 다른 견해들이 반드시 서로 배타적인 것은 아니다. 그러나 누가의 목적에 관한 우리들의 견해는 우리가 누가가 쓴 책을 어떻게 해설할 것인가에 관하여 구체적인 영향을 미칠 것이다. 우리들이 성경 본문에 내포되어 있는 개념들의 수준으로 매우 엄격하게 다루지 않는다면 책의 목적을 이해하는 것은 보다 의미가 적지도 모른다. 이러한 문제들을 전면으로 이끌어내는 것이 '중심 사상' 강해의 필수 조건이다.

8. 중심 사상의 부족

우리는 효과적인 전달자들이 중심 사상을 가진 본문인 이야기의 구성 단위들 속으로 그들의 개념을 체계화하는 경향이 있다고 말해왔다. 가장 작은 구성 단위들(문장들)은 보다 큰 구성 단위들(절, 단락 등)을 형성하고, 보다 큰 구성 단위들은 또한 전체 구성 단위(성경의 한 권)를 만든다. 따라서 우리는 가장 기본적인 구성 단위들로부터 전체적인 구성 단위인 책 그 자체에 이르기까지, 완전한 문장의 형태로 성경 각 권의 개요를 파악할 수 있기를 기대할지도 모른다. 역으로 우리들은 성경의 각 권이 그것의 하위 단위들 각각에 의해서 차례차례로 전개되어지는 중심 사상을 나타내기를 기대할지도 모른다. 이것은 적어도 이론상으로는 우리가 기대할 수 있는 것이다.

그러나 성경의 몇 권은 그 중심 사상을 찾기가 어려워 보인다. 그것들의 하위 단위들은 서로 충분히 이치에 맞으나, 그러나 아무리 노력하여도 책의 단일한 중심 사상을 전체적으로 전개하기 위하여 주요한 하위 단위들 전체가 어떻게 서로 조화를 이루었는지를 알 수 없다. 이것의 대표적인 예가 야고보서이다.

야고보서는 성경의 많은 애독서 가운데 대표적인 예다. 그것은 성경의 위대한 신학적 주제들에 관하여 글을 전개한 책이기보다는, 상당히 사실적이고 실생활에 관련된 책이다.

그렇다면 야고보서의 중심 사상은 무엇인가? 그것은 각각 거의 명확한 중심 사상을 나타내는 하위 단위들 안에서 유혹, 말, 지혜, 세속성과 같은 주제들을 다룬다. 그렇다면 그러한 하위 단위들이 전체적인 중심 사상을 전개하기 위하여 서로 결합되어져 있는가? 만일 그렇지 않다면, 단일한 중심 사상을 중심으로 하여 우리의 메시지를 만들어내는 것의 중요성에 관하여 이야기한 것은 어떻게 되는 것일까? 만일 야고보서가 그렇게 하지 않았다면, 왜 우리는 해야만 하는가?

야고보서가 중심 사상을 드러내고 있다고 주장하는 사람들도 있으나 여기서 토론하지는 않을 것이다. 우리들은 단지 중심 사상의 필요성에 관한 우리의 강조가 언제나 적절해야만 된다는 것에 주목할 필요가 있다. 그것은 절대적인 것은 아니다. 확실히 우리들은 기초적인 요소를 제외하고 완전한 사상을 전달할 수 없고, 그것을 생각조차도 할 수 없다. 그러나 우리들은 이들 기초적인 단위들을 전체적인 단위로 형성해가지 않고도 전달할 수 있고, 그리고 보다 효과적으로 전달할 수 있기까지조차 하다. 예를 들면, 우리들은 중심 사상을 중심으로 편지를 고안해내는 것에 관하여 걱정하지 않고도 친구에게 완벽하게 유용한 편지를 쓸 수 있다. 즉 야고보서는 그것이 비록 중심 사상을 가지고 있지 않을지라도 아주 훌륭한 책일 수 있다.

그러나 기본 원칙은 진실로 유효하다. 단일한 중심 사상을 중심으로 전달하려고 노력하는 것이 더욱더 효과적이라고 볼 수 있다. 이것은 성경 속의 책들의 대부분이 사실상 중심 사상을 표현하고 있다는 사실에 의해서, 그리고 심지어는 야고보서가 또한 명확히 식별할 수 있는 중심 사상을 가지고 있었다면 이해하고 가르치기에 보다 쉬운 책이었을지도 모른다는 사실에 의해서 바로 확인될 수 있다. 실제로 야고보서는 편지 속에 있는 단편들이 어떻게 서로 조화되어 있는가를 분별하는 데 있어서 강해자들에게 성실한 도전 과제를 제시한다.

9. 긴 문장들_____ 중심 사상 강해에 대한 또 다른 신약의 도전 과제는 때때로 헬라어에서 발견되는 길게 연속되는 문장들이다. 예를 들어, 잘 알려진 에베소서 1장 3 - 14절의 문장을 생각해보자.

이 단일한 사도 바울의 문장은 길고 복잡한 문법적인 구조를 만드는 뒤죽박죽 된 개념들로 이루어져 있다. 이들 개념들은 더욱 이해하기 쉽게 만들기 위하여, 대부분의 영어 번역은 이러한 긴 문장을 보다 짧은 문장으로 분리한다.

예를 들면 NIV(New International Version)는 이러한 일련의 개념들을 일곱 개의 보다 짧은 문장들로 나누고 있는데, 그 각각의 문장들은 영어의 기준으로 보면 비교적 길고 복잡한 상태로 남아 있다. 더욱이, 이러한 사도 바울의 개념들의 실체는 신약의 어떤 부분에서도 발견되어지는 가장 심오한 개념들 가운데 일부로서의 자격을 갖고 있다. 말할 필요도 없이 청중을 위해서 개념들의 실체와 개념들의 서로에 대한 관계를 공정하게 평가하는 방식으로, 이러한 얽혀 있는 심오한 개념들을 밝혀내는 것은 '중심 사상' 강해자에게 쉽지 않은 일이다.

10. 권고의 목록들_____ 정반대의 문제가 단일하고 상대적으로 탐구되어지지 않은 권고들의 목록으로 구성된 신약의 여러 부분에서 발생하는데, 이러한 훈계들은 각각 개별적인 개념을 구성한다.

예를 들어, 데살로니가전서 5장 12 - 22절, 즉 NIV가 단지 '최후의 가르침'이란 명칭을 붙일 수 있는 단락에서, 사도 바울은 단지 10개의 구절에서 17개나 되는 권고를 보여주고 있다. 이들 권고들은 각각 별개의 개념들을 표현하고 있다. 그러나 그들은 본질적으로 어떠한 전체적인 중심 사상과도 합치되지 않는다. 문제들을 해결하기 위하여 NIV는 단락을 세 개의 절로 나누었다. 그러나 단락을 보다 덜 조밀하게 만들려는 욕구 외에 절로 나눈 배후의 논거가 명확하지 않다. 그것들은 이러한 권고들의 어떤 논리적인 체계적 분류에 의해서 정당화되는 것처럼 보이지 않는다.

그러면 성경 본문의 개념을 다루기로 결심한 강해자는 그러한 소재를 통하여 어떻게 설교해야 하는가? 어떤 사람은 각각의 권고에 관하여 단 하나만의 설교를 할지도 모르고, 또 다른 사람은 아마도 중심 사상을 설교하는 것을 보류하면서 전체 목록(또는 전체 목록의 부분)을 설교할 수 있을지도 모른다. 이러한 선택의 어느 쪽도 효과가 있을지 모른다. 그러나 성실한 강해에 전념하는 사람들은 서로 무관하게 체계화된 어떤 원리들을 전체나 부분으로 밀어넣는 평범한 실수를 피하고 싶어할지도 모른다.

결론

강해 설교를 한 조상들 중의 한 사람인 에스라가 "여호와의 율법을 연구하여 준행하며 율례와 규례를 이스라엘에게 가르치기로 결심하였었더라"(스 7:10)는 구절이 성경에 기록되어 있다. 에스라의 예를 본받는다고 말해 왔던 로빈슨을 제외한 그 어떤 사람도 이것이 부담이 되었거나, 부담이 되었어야만 한다.

우리는 강해할 때 문자로 새겨진 하나님의 말씀을 다루는데, 그것은 다른 시대와 장소로부터 시, 이야기, 편지, 잠언, 역사, 예언의 복잡한 혼합체로 우리에게 전달되어왔다. 그러나 이 모든 형식들과 기타의 형식들은 이러저러한 방식으로 개념들을 다루고 있는데, 사실 이것들은 세상에서 제일 중요한 개념들이다. 강해자에게 있어서 그러한 개념들을 설교하려고 할 때 부딪히는 도전 과제들 주위에는 어떤 다른 길은 없다. 에스라가 행한 대로 진리를 연구하여 준행하며 그것을 하나님의 백성에게 충실하게 가르치는 것이 우리의 소명이요 특권인 것이다.

심화 학습

개념 이해하기
1. 이 장의 주제는 무엇인가?
2. 이 장은 주제에 관하여 무엇을 이야기하고 있는가?

개념 적용하기
1. 중심 사상 강해자가 신약을 강해할 때 직면하는 10가지 도전 과제를 나열하라.
2. 10가지 도전 과제 목록을 당신이 현재 설교하려고 준비하고 있는 신약 구절과 비교하여보라. 당신이 느끼는 어려운 점들이 무엇이며, 당신은 메시지를 준비하면서 그것들을 어떻게 다룰 것인가?
3. 설교할 때 이야기의 뚜렷한 구성 단위를 다루는 것이 중요한 이유는 무엇인가?

추천 도서

Craddock, Fred B. Preaching. Nashville: Abingdon, 1985.
Davis, H. Grady. Design for Preaching. Philadelphia: Fortress, 1958.
Liftin, Duane. Public Speaking: A Handbook for Christians, 2nd ed. Grand Rapids: Baker, 1992.

Osborne, Grant R. *The Hermeneutical Spiral: A Comprehensive Introduction to Biblical Interpretation.* Downers Grove: InterVarsity, 1992.

Wilson, John F., and Carroll C. Arnold. *Public Speaking as a Liberal Art.* 3rd ed. Boston: Allyn & Bacon, 1974.

05

폴 보든(Paul Borden)

미국 서부의 침례교회들을 위한 교회 성장 상담가이다. 이전에는 교회 네트워크 교육의 행정 감독과 복음자유주의 교회를 위한 교회 상담 감독을 역임했다. 보든 박사는 또한 신학 박사 과정의 책임자, 설교학과의 부교수, 대학 학장, 그리고 덴버 신학교의 부총장이기도 했다. 그는 달라스 신학교에서 신학 석사학위(Th.M.)를 받았고, 그리고 덴버 대학교에서 고등교육 행정을 전공하여 철학박사학위를 받았다. 보든 박사는 15년 이상 목회를 했다.

그 이야기에 정말로 하나의 중심 사상이 존재하는가?

폴 보든(Paul Borden)

서론

부모님이 "옛날에…"라고 이야기를 시작하시면 우리들은 귀를 기울였다. 우리들은 그 이야기가 우리가 하고 있던 일을 멈추게 하고 이야기를 하는 사람에게 주의를 기울이게 만든다는 것을 일찍이 알았다. 본능적으로 우리들은 이야기 속에서 인생을 살아가고 있다는 것을 알았다. 숨쉬고 생각하는 것과 같이 이야기는 우리의 존재에 본질적인 부분이다. 우리들은 이야기 속에서 공상에 잠기고, 줄거리를 구성하고, 비평하고, 소망하고, 야망을 생생하게 그려본다. 아무도 연역적으로 인생을 살아갈 수는 없다.

아마도 이것이 우리의 창조주 하나님께서 성경 계시의 많은 부분이 이야기 형식으로 쓰여지도록 하셨던 이유인 것같다. 교훈적인 설교를 하셨고, 또한 연역적으로 가르치셨던 예수 그리스도도 역시 그분의 이야기 때문에 유명해지셨다. 예수 그리스도의 생애와 사역에 관하여 성도들에게 가르치시기 위해 하나님이 사용한 인간 작가들은 그들의 주된 전달 수단으로서 이야기를 선택하는 것이 현명하다고 생각했다.

그러나 오늘날 설교들, 특히 성경적 권위와 완전 무결성을 옹호하는 개인들에 의해서 행해지는 설교들의 우위성은 이야기 형식에서 주어지는 것도 아니고 이야기 구절들에 근거한 것도 아니다. 그러한 점에서 전자 매체에 심취된 청중들에게 아무런 효과 없이 메시지를 전달하는 수사학 형식과 결합되어진 이야기는 자주 고의적으로 회피되어지는 것처럼 보인다.

나는 이러한 역설에 대해서는 적어도 두 가지의 주요한 이유가 있다고 믿는다. 첫째로, 설교자들은 추상적인 진리가 이야기 형식으로 잘 전달되어질 수가 없다고 확신한다. 둘째로, 많은 설교자들이 이야기의 중심 사상을 발견하는 것에 관하여 훈련받지 못하여 이야기 장르를 벗어나야만 비로소 이야기를 전달할 수 있다.

설교자들이 종종 이야기들을 신학적이고 성경적인 진리의 매체로서 존중하지 않는 이유는 우리의 읽고 쓰는 기술적인 문화가 진리가 그러한 방식으로는 전달되어질 수 없다는 것을 우리에게 확신시켰기 때문이다. 이야기들은 진리를 예중하기 위하여 사용되어질 수는 있으나 진리를 전달하기 위해서는 사용되어질 수 없다.

이러한 신념의 한 가지 예는 역사를 가르치기 위하여 사용되어지는 접근법이다. 미국 역사의 정치적인 기초를 이해하기 위하여, 학생들은 토마스 제퍼슨이 저술한 작품들을 공부하거나, 연합주의자의 논문이나 로크와 루소가 쓴 논문들을 읽도록 권유받는다. 이야기체의 역사적 서술들, 일화들, 목격자들의 서술들은 단지 그러한 책들에 포함되어져 있는 개념들과 관념들에 관한 실제적인 예를 제공할 뿐이다. 그러나 이러한 이야기들은 개념들을 전달하기 위하여 사용되어지지도 않고, 또한 사용되어질 수도 없다. 중대한 개념들은 이야기 식이 아닌, 분석적이고 논리적으로만 전달되어질 수 있다.

분석적이고 논리적인 표현들이 때로는 필수적이고 유익한 반면에, 이러한 표현들 배후에 놓여 있는 가정은 중요한 개념들을 전달하기 위한 수단으로서의 가치는 종종 없다.

그러나 자료들(교훈적 문학)의 선택과 설교 양식(연역적 표현들)에 의하여 이러한 편견을 확고히 하는 그러한 설교자들은 국민 문화의 타락을 공공연히 비난한다. 그들의 설교는 자주 쇠하여가는 도덕성, 어리석은 선택들, 그리고 영적인 파탄 상태를 비난한다. 이러한 타락에 기여하는 것으로 자주 언급되어지는 중죄인은 대중 매체, 즉 텔레비전, 라디오, 영화 그리고 음악이다.

모순에 직면하는 것

만일 이러한 문화 분석이 정확하고, 그리고 현재의 타락에 기여하는 중요한 힘이 '매스 미디어'라면, 이러한 설교를 하는 설교자들은 한 가지 모순에 직면하게 된다. 즉 이야기들이 광고 방송을 포함한 텔레비전으로부터 영화와 음악에 이르기까지 모든 매스 미디어에 침투하였다는 것이다.

현재 나는 이야기들 속에 반영되어진 쇠해가고 있는 가치들, 부도덕한 태도들, 거꾸로 된 중요한 사항들이 세속적인 철학자들의 이치에 맞는 주장들과 논리 정연한 개념들로부터 유래되었다는 것을 인정한다. 그러나 문화 속에 국민들은 철학자들, 윤리학자들, 주석가들의 논문과 저서에 의해서 보다는 오히려 매스 미디어를 통하여 그것들이 갖고 있는 개념들을 예술적으로 전달받음으로써 더욱더 영향을 받는다.

사람들은 드라마나 음악 속에 나오는 실생활의 이야기들로 인하여 웃고,

울고, 그 이야기들과 일체감을 느끼면서, 쇠해가는 문화적 도덕성에 원인이 되는 가치들을 채택하고 있다. 바꿔 말하자면, 사람들에게 더욱더 자주 영향을 미치는 것은 강연과 논문에서 명확히 언급되어진 그러한 똑같은 개념들의 학자다운 표현보다는 바로 이야기들과 이야기들에 의해서 가르침을 받는 개념들인 것이다.

설교자들은 시나리오 작가와 영화 감독이 오늘날의 북미 문화에 철학자보다 더욱 큰 영향을 끼쳤다는 것을 인정해야 한다. 아마도 이것이 이야기가 하나님이 좋아하시는 문자화된 계시의 매체처럼 보이는 이유일 것이다. 아마도 하나님은 이야기를 말하는 사람이 신학자보다 더욱 널리 진리를 전달한다고 여기셨던 것 같다.

많은 설교자들이 이야기들을 피하거나 제대로 다루지 못하는 두번째 이유는 빈약한 모델링과 부족한 훈련 때문이다. 과거에 설교자들은 이야기들을 교훈적인 성경 구절들로부터 얻어진 이미 마음속에 품어져 있는 신학적 개념들에 관한 비유들, 또는 예증들로 취급하는 경향이 있었다.

이러한 설교자들은 설화 문학을 이해하지 못했고 그것을 해석하는 훈련을 받지 못했다. 이러한 훈련의 부족은 오늘에 이르기까지 계속된다. 설령 있다고 할지라도, 신학교들은 이야기들에 관한 주석과 설교에 관한 필수 강좌들을 제공하지 않는다. 전달할 수 있는 훈련이 필요 없는 교훈적인 소재에 초점이 맞추어진 주석학 과목들을 요구한다. 사실상 교훈 문학을 이해하도록 만드는 방법론들은 때때로 우리가 설화 문학을 이해하는 것을 방해한다. 나는 한 걸음 더 나아가 그리스어 주석이 단지 교훈적인 소재만을 이해할 수 있게 만드는 특수한 해석학의 한 형태라는 것을 주장하고 싶다.

이야기를 다루는 훈련을 제대로 받지 못한 설교자들의 무능력의 한 예는 서술을 명령으로 바꾸는 계속적인 모순이다. 우리가 반복하여 동일한 이야기 구절들에 관한 몇 가지 설교를 들었을 때, 우리는 다수의 해석을 듣는다. 로마서 5장에 관한 서로 다른 설교들이 지도자의 권위의 개념을 아주 다르게 설명하고, 전개하고, 적용하는 반면에, 기본적인 주석은 여전히 동일하다. 아마도 주기적으로 제기되는 것으로 보이는 그리스도의 주권에 관한 논쟁은 중요 구절 중 많은 부분이 이야기체의 본문들에서 발견되어지기 때문에 벌어지는 것일지도 모른다.

이러한 관찰들의 견지에서, 나는 성경의 이야기들 속에서 전달되어지는 중심 사상을 발견하기 위하여 고안된 주석 방법을 제안하고 싶다. 또한 이야기체 장르에서 이야기속의 진리 또는 그 진리의 전개에 위반되지 않는 현시대의 설교 스타일들로 이야기들을 설교하는 것을 제안하고 싶다. 이것은 이야기 형식으로 이야기를 설교해야만 한다는 것을 의미하고 있는 것은 아니다. 그러나 나는 이야기를 설교하는 방식에 있어서 이야기체 형식을 위반하지 않는다는 것을 틀림없이 보장한다.

몇 가지 중요한 가정들

중요한 가정들이 이러한 주석 방법에 토대를 이룬다. 첫번째 가정은 하나님과 사람들 양쪽 모두가 성경 작품에 폭넓게 그리고 동등하게 관련되어 있다고 주장하는 영감에 관한 역사적인 정통파의 견해와 관련되어 있다. 이것은 하나님이 이야기를 통하여 진리를 계시할 것을 선택하셨을 때, 상당히 이야기를 잘 하는 사람을 선택하셨다는 것을 의미한다. 이러한 사람들은 이 같은 문학의 형식을 기교적으로 능숙하게 전개했다.

하나님이 이야기를 능숙하게 잘 하는 사람을 선택하셨다는 가정의 결과는 우리 해석자들이 본문을 주석할 때 훌륭한 이야기의 본질을 훼손할 수 없다는 것이다. 이야기들은 연별로 혹은 절별로 분리되어질 수 있는 교훈 문학과 같지 않다. 각각의 이야기는 복음서에서와 같이 그것이 한 절의 길이거나, 혹은 구약에서와 같이 한 장(章) 또는 두 장의 길이든지 간에 하나의 단일체이다. 50절 길이의 이야기 가운데 15절만 설교하는 것은 이야기의 본질에 위배된다. 그것은 옛날 이야기가 어떻게 시작되었고, 어떻게 끝났는지를 들려주지 않고 잠자리에서 아이들에게 그 중간만을 들려주는 것과 같다.

그것은 진실일 수도 있으나, 그 이야기의 가르침에 근거를 두지 않은 개념을 설교하는 결과를 낳는다.

두번째 가정은 성경의 이야기체 부분들이 본래 구속 역사의 기록을 알려주기 위한 목적으로 쓰여진 것이 아니라는 것이다. 이것은 이야기들이 역사적으로 부정확하다는 것을 말하는 것은 아니다. 그것들은 아주 정확하다. 영감에 관한 정통파의 견해는 역사적 정확성에 대하여 찬성한다. 그러나 이야기들의 가장 중요한 목적은 이야기를 통해 신학을 전개하는 것이지, 역사적 기록을 만들어내는 것이 아니다. 이야기들에 관한 이러한 이해는 구약 속에 나오는 이야기들에 관한 신약의 주석에 의해서 인증되어질 수 있는 것처럼 보인다(롬 15:4, 고전 10:11, 딤후 3:16, 히 1:1, 2). 그것은 또한 4복음서에 나오는 비유에서 증명된다.

이야기들이 처음에는 역사를 기록하기 위하여 쓰여진 것이 아니라는 가정과 관련된 몇 가지 중요한 결과들이 있다.

첫째로, 이야기들은 신학을 전달하기 위하여 쓰여졌다는 것이다. 이것은 각 이야기책이 로마서나 신약성경의 어떤 다른 사도들의 서신만큼이나 잘 정의된 논점을 가지고 있다는 것을 의미한다. 로마서가 논리적이고 분석적인 표현을 통하여 전개되어지는 반면에, 각 이야기책의 논점은 일련의 이야기들에 의해서 전개된다는 것이 차이점이다. 우리가 이러한 것을 깨달을 수 없는 까닭은 대부분의 경우에 있어서 이야기를 이야기로서 주석하는 우리의 능력과 결부된 가정들 때문이다.

둘째로, 전체적인 연대기는 연대순의 역사를 기록하는 것이 목적이 아니라, 신학적인 논점을 전개하는 것이 목적이기 때문에 거의 이야기를 말하는 사람의 관심사가 되지 못한다. 만일 연대기가 중요한 것이라면, 이야기를 말하는 사람은 그것에 주목한다. 만일 그렇지 않다면, 연대기는 대개 무시되어진다. 연대기적 문제들에 근거한 성경의 신뢰성에 관한 오랜 기간 동안의 논쟁은 양쪽 모두가 이야기들의 목적이 논점을 전개하기 위한 것이라기보다는 역사를 기록하기 위한 것이었다고 가정했었다는 사실을 반영하는 것이다.

셋째로, 비록 이야기들이 년(年) 단위로 분리되어지지만, 공통적으로 지니고 있는 것이 무엇인지 알 수 있다는 것이다. 그러므로 이야기책들의 개요들은 역사적, 지리적, 또는 전기적인 관심보다는 신학적인 전개를 반영해야만 한다. 우리가 복음서를 이해한다면 이러한 것이 사실이라는 것을 확신해야만 한다. 구약의 역사를 아는 것은 중요하나, 역사로서의 구약을 자주 가르치는 것은 미래의 해석가들에게 손해를 끼치는 것이다. 그것은 잘못된 가정을 가르치는 것이다.

이러한 주석 방법에 토대를 이루는 네번째 가정은 각각의 이야기가 독특한 중심 사상을 전달한다는 것이다. 다른 성경 문학처럼 이야기들은 성경의 주요 개념들에 기여한다. 그러나 각각의 이야기는 그러한 주요 개념들 중 하나에만 그 자체의 독특한 면과 통찰력을 제공한다.

각각의 이야기가 그것의 가르침에서 독특하다는 가정은 하나의 이야기로부터 설교되어진 개념은 다른 이야기에는 적합하지 않다는 것을 의미한다. 만일 하나의 이야기로부터 행해진 설교가 다른 이야기에도 사용되어질 수 있다면, 하나 또는 양쪽 이야기에 관한 설교의 이해는 잘못된 것이다. 독특한 개성들, 눈송이들 그리고 사람의 지문들을 창조하신 하나님은 서로 대비되는 설명들을 포함하여 이야기들에 대해서도 동일하게 행하셨다.

이러한 가정은 이야기들이 전혀 전과 다르게 전개되도록 만든다. 사실 하나님께서 이야기 속에 풍부한 성경적 개념들을 설정해놓으셨음에도 불구하고, 우리의 사고는 대체적으로 극히 소수의 주제들에 제한되어져왔다. 나는 응용하는 경우를 제외하고는 성경의 다른 어떤 곳에서도 전개되지 않았던 문제들을 자주 설교한다.

마지막 가정은 이야기를 듣는 사람들이 전체적인 이야기를 이해할 때 비로소 이야기 속의 중요한 도덕적, 영적, 또는 신학적 진리를 이해하게 된다는 것이다. 이야기 속에서 제기되어진 그 밖의 다른 정신적, 윤리적, 또는 신학적인 문제들은 이야기를 말하는 사람에 의해서 전달되지 않을지도 모르고, 실제로 자주 전달되지 않을 것이다.

각각의 이야기가 일반적으로 다른 문제들은 무시하고 하나의 중요한 문제들에 대해서 언급하고 있다는 가정은 설교자인 우리들도 이와 동일하게 행해야 한다는 것을 의미한다. 긍정적이든 부정적이든 간에 다른 문제들에 초점을 맞춘다는 것은 이야기를 우화처럼 취급하는 것이다. 이야기들을 연대기적으로 개설하는 것도(우리들이 자주 사도서간을 그렇게 다루듯이) 또한 이야기를 이야기로서가 아니라 우화로 취급하는 것이다.

우리들은 중요한 진리를 발견하기 위하여 이야기들을 주석해야 하고, 그리고 설교할 때 이야기 속에 다루어지지 않았던 다른 문제들은 무시하고 오직 그 중요 진리에만 초점을 맞추어야 한다.

주석 방법

우리는 우선 이야기가 어디에서 시작하고, 어디에서 끝나는지를 결정해야 한다. 이렇게 하는 것이 결코 쉽지는 않다. 이야기책들은 소설과 같다. 각각의 책 속에는 하나의 완성된 책을 만드는 여러 가지 보다 작은 책들이 있다. 예를 들면, 창세기에는 아브라함에 관한 책, 이삭에 관한 책, 그리고 야곱에 관한 책이 포함되어 있다. 이러한 이야기들은 한 장, 두 장, 또는 세 개의 장에 걸쳐 있을 수도 있다. 그것은 현재의 장 구분이 개별적인 이야기들을 결정하는 데 있어서 종종 의미가 없다는 것을 나타낸다. 그러므로 나의 경우에 있어서, 개별적인 이야기가 어디서 시작하고 끝나는지를 결정하기 위해서는 서로 다른 번역들로 된 몇 가지의 이야기들을 여러 번 읽어야만 한다.

일단 개별적인 이야기의 시작과 끝을 결정하고 나면, 더 많은 주석이 나중에 조정되어질 필요가 있을지도 모른다는 것을 인식할 필요가 있다. 이제 이야기를 주석할 준비가 되었다.

이야기를 디자인하는 것_____ 첫번째 의무는 이야기의 디자인을 결정하는 것이다. 1인칭 시점에서 설명되는 몇몇 이야기들을 제외하고는, 많은 이야기들이 3인칭으로 말해진다. 처음부터 끝까지 끊어지지 않고 계속되는 이야기들도 있지만, 플래시백(과거의 회상 장면으로의 전환)을 사용하는 이야기들도 있다. 줄거리를 강조한 이야기들도 있으나, 행동 전개나 인물 전개에 초점을 맞춘 이야기들도 있다. 내 경우에 이러한 관찰 결과들을 주시하면서, '왜 이야기가 그렇게 디자인되었을까?'에 관하여 의문들을 제기하게 된다. 그러나 주석 절차가 완료될 때까지 이러한 의문들은 해결될 수 없다.

다음에는 이야기들을 장면들로 나눈다. 이때 우리가 스스로를 하나의 이야기를 촬영하는 영화 감독이라고 가정하는 것이 도움이 된다. 장면들의 순서가 중요하다는 것을 기억하면서, 이야기를 전개하는 일정한 방법으로 각 장면을 촬영한다. NASB(The New American Standard Bible)의 절의 분할은 가장 훌륭하게 이야기들을 장면 분할 한 것처럼 보인다.

커다란 백지 한 장을 사용해서 각 단락이나 장면에 대한 도표를 만드는 것이 큰 도움이 된다. 주석할 때 주의해야 할 사항들, 관찰 결과들, 의문점들, 기타 등등이 적절한 장면에 대응하는 도표의 각 부분에 기재된다. 장면들의 디자인은 도표를 통해서 가장 잘 이해된다.

인물들의 목록을 만드는 것_____ 다음 단계는 인물들의 목록을 전개시키는 것이다. 여기에서도 이야기 속의 인물들을 드라마에 나오는 연기자에 비유하는 것이 큰 도움이 된다.

누가 스타인가? 누가 주인공인가? 누가 이야기의 전개에 중요한 인물인가? 누가 엑스트라인가? 인물들은 특별한 상황들 속에서 어떻게 삶을 유지하며, 어떻게 삶을 영위해나가는지를 우리들에게 보여준다. 삶을 산다는 것이 드라마의 갈등 속에서 알려지는 것이 아니라, 때로는 성공적으로, 때로는 실패로 완성되어지는 것이다.

이번에는 행동을 주목하여 보라. 사건들이 펼쳐짐에 따라 인물들이 그 사건들에 반응하며 행동하는데, 그것은 그 이상의 행동을 만들어낸다. 인물 탐구에 있어서 행동은 생각일 수도 있고 대화일 수도 있다. 그러나 대화나 생각조차도 사건들에 대한 반응이고, 궁극적으로 이것들은 어떤 종류의 정점으로 이끄는 그 이상의 행동을 만들어낸다.

대화를 검토하라_____ 다음 단계는 어떤 대화이든지 검토하는 것이다(대화는 실제로 독백일 수도 있다. 그러나 나는 가장 광범위한 의미로 '대화'란 용어를 사용하고 있다). 이야기 속에서 성격 묘사를 전개하는 중요한 방법은 인물들에 의한 말들을 통하는 것이다. 이야기를 말하는 사람은(이 경우에는 궁극적으로 성령) 종종 인물들의 말을 통하여 중요한 개념을 전달한다. 많은 성경 이야기들의 경우, 이야기하는 사람이 편집자로서의 역할을 하고 있다는 것을 나타내면서 표현이 간결하여지는데, 이것이 대화를 중요하게 만든다.

특히 변화가 있는 이야기 속에서 첫번째 나타나는 대화나 반복되는 대화에 주목하라. 이러한 사소한 변화가 종종 상당히 중요하다. 해석자가 사전적인 방법이나 문법적인 방법을 동원하는 것은 바로 이 지점에서다.

그러나 이야기 주석에 있어서 이러한 방법들은 일반적으로 개념을 결정하는 데 반드시 필요한 사항은 아니다. 때때로 개념은 대화를 통해서보다는 디자인, 줄거리, 행동, 기타 등등을 통해서 보다 많이 전개되어진다. 이야기들을 해석하는 데 있어서 어려운 점은 개념이 각각의 이야기에서 동일한 방식으로 거의 전개되어지지 않는다는 것이다. 주석 법칙들을 이행하는 것은 교훈적인 자료들을 위하여 필요로 되어지는 것보다 더 많은 예술적 재능을 요구할지도 모른다.

해설자가 진술하는 문장들의 목록을 작성하라_____ 주석 방법에 있어서 다음 단계는 해설자에 의해서 진술되어진 문장들의 목록을 작성하는 것이다. 만일 이러한 문장들이 없다면 특별한 동기, 사상, 숨겨진 행동, 기타 등등이 알려지지 않기 때문에 이야기는 이해되지 않을 것이다.

많은 사람들이 지적했듯이 해설자는 생각, 개인적이고 사적인 대화, 숨겨진 사건 그리고 하나님의 의도를 아는 전지한 사람이다. 이러한 문장들은 궁극적으로 하나님이 이야기하는 사람으로서 이야기 속으로 등장하는 것을 나타낸다. 그러므로 이러한 문장들은 이야기의 의미를 최종적으로 확정하는 데 있어서 결정적인 역할을 한다.

줄거리를 발견하라   다음으로 우리는 줄거리를 발견해야만 한다. 잘 알려진 이야기라 할지라도, 그렇게 하는 것이 항상 쉽지만은 않다. 이야기를 관찰하고, 그리고 불균형을 만들어내고 심화시키는 사건들을 결정하라. 그 다음에 불균형에 의해서 만들어진 과정을 변화시키는 반전이 어디에서 일어나는지를 결정하라. 마지막으로 이야기가 어떻게 해결되었는지를 확증하라.

줄거리를 전개하는 데 있어서 이야기가 희극인지 혹은 비극인지를 결정하는 것이 중요하다. 희극에서 줄거리를 전개하는 사건들은 비극에서 줄거리를 전개하는 사건들이 아닐 수도 있다. 그 반대도 마찬가지다. 우리는 성경의 이야기들이 선과 악이 명확히 구별되는 도덕극이 아니라는 것을 기억해야만 한다. 이야기들은 인생의 모호한 점들을 잘 다루는 능력을 지니고 있다.

마지막 단계들   이후에 이야기의 분위기를 검토하라. 우리는 전달되고 있는 세계관을 탐구하고 있다. 이야기가 전해지는 방법은 대체적으로 분위기를 결정하는 데 있어서 이야기 그 자체만큼 중요하다.

다음 단계는 수사학적 구조를 찾아내는 것이다. 이러한 구조들은 교차대구법, 반복, 대조, 또는 다른 장면과 어울리지 않는 것처럼 보이는 장면을 포함할 수도 있다. 종종 유형 또는 구조에 있어서 변칙적인 것은 이야기 속에서 전개되어지는 주요한 개념을 강조하기 위한 것이다. 또한 영화의 어떤 장면들이 주축을 이루는 것처럼, 어떤 유형들이나 그 유형들로부터 벗어난 것들이 이야기의 요지에 결정적인 역할을 한다.

마지막으로 해석자는 문맥으로부터 자료를 얻는다. 문맥은 중심 이야기를 둘러싸면서 단락을 만들어내는 이야기들이다. 대체로 연구되어지고 있는 문맥 각 측면에서 이야기들을 읽고, 그 각각에 대하여 유일한 묘사적인 문장 제목을 적는 것이 아주 좋다.

만일 각각의 이야기가 문장 제목에서 정확히 묘사되어졌다면, 해석자는 연구되고 있는 중심 이야기가 어떻게 문맥에 적합한지를 이해하기 시작한다. 이 시점에서는 연대기에 초점을 맞추기보다는 오히려 어떻게 이야기들이 개념들을 전개시키는지를 관찰하는 것이 중요하다. 신학적인 주장을 만들어내기 위하여 이야기들이 체계적으로 분류되어졌다는 것을 기억하라.

각 장면을 위한 문장과 강조_____ 위의 주석 단계를 거친 후에는, 각 장면 또는 단락에 대해 유일한 설명적인 문장 제목을 붙여라. 제목에는 어떠한 해석도 포함되어서는 안 된다. 게다가 이것은 어려운 일이다. 그러나 이야기를 이야기로서 다루는 능력이 없기 때문에 이러한 단계가 필요하다. 우리는 이유를 묻기 시작하기 전에 이야기 속에 들어 있는 것을 우리 자신이 알도록 해야 한다.

일단 이러한 문장 제목을 기록한 후에는, 전체 이야기에 대해 유익한 설명적인 제목을 붙여야 한다. 이러한 문장은 단락의 제목들을 정확하게 요약하고 반영한 것이어야 한다. 이야기의 중요한 요소들이 정확히 기술되어지지 않기 때문에, 가끔씩 개념이 인식되지 못할 때가 있다.

문장들(단락의 제목들과 이야기의 제목들)을 관찰하고 작가가 강조한 것이 무엇인지 확인하라. 어떤 두 이야기도 내용과 표현에 있어서 동일하지 않다.

각각의 이야기에서, 개념을 전달하기 위하여 다른 측면들이 희생되어가며 어떤 문학적인 측면들이 강조된다. 증거를 중요하게 다루어야 한다. 이야기를 하는 사람이 인물, 대화, 줄거리에 초점을 맞출 때도 있고, 디자인, 장면, 이야기를 하는 사람의 설명에 초점을 맞출 때도 있다. 공식은 결코 동일하지 않다. 이야기의 의미를 발견하는 것은 무수한 단서들을 가지고 있는 탐정이 되는 것과 같다.

단서들을 추적해보면, 일부 단서들이 잘못된 결론으로 이끄는 반면에, 단지 몇몇 단서들만이 비밀을 드러내기도 한다. 그러나 몇몇의 옳은 단서들만이 범죄를 폭로하기 위해서 사용되어질지라도, 다른 모든 단서들도 그 자리에 잘 어울리는 것이다. 이때야 비로소 해석자는 특별한 이야기에서 전달되어지는 진실을 알기 시작할 수 있다.

이야기하는 사람이 강조하는 것이 무엇인지를 발견한 후에, 이야기가 논하고 있는 것이 무엇인지를 결정하라. 이런 결정은 주제를 위한 준비다. 다음에는 주제에 대하여 무엇이 이야기되고 있는지를 확실히 하라. 이러한 것이 개념을 위한 보충 요소 역할을 하기 때문이다. 만일 이러한 과정이 정확하고 올바르게 설정되어졌다면, 지금 우리는 설명적 제목의 문장을 선택하고 해석을 제공할 준비가 되어 있는 것이다. 이야기하는 사람의 개념을 설명하기 위하여 설명적 요소들에 해석적 요소들을 첨가시켜라. 하나의 문장으로 이러한 개념을 설명하면 그것은 이야기의 주석 개념이 된다. 그 개념이 정확하고 올바르게 설명되어질 때, 그것은 다른 이야기가 아닌 이 이야기에만 어울릴 것이다.

일단 주석 개념을 갖기만 하면, 우리는 이야기의 주석을 완성한 것이다. 모든 주석 방법들과 마찬가지로 이러한 과정은 어렵다. 또한 우리는 몇 번이고 주석 개념을 발견할 때마다 그것을 전개하는 데 필요한 전문적인 기술을 얻게 된다. 반드시 기억해야 될 것은 이야기에 대한 주석 방법은 편지,

시, 잠언, 혹은 비유에 내포되어 있는 하나님의 개념을 발견하기 위하여 이용되어지는 방법과 다르다는 것이다.

설교 과정

영화가 다시 유용한 단서를 제공한다. 우리는 액션 영화, 인물 탐구, 미스터리, 역사물, 그리고 고전을 서로 구별한다. 톰 울프(Tom Wolfe)의 작품을 원작으로 한 영화는 톰 클랜시(Tom Clancy)의 작품을 원작으로 한 영화와 아주 다르게 전개될 것이다. 두 편의 영화 모두 전달하고자 하는 기본 개념을 가지고 있겠지만, 원작자가 그랬듯이 감독은 개념을 아주 다르게 이해할 것이다.

이야기를 전달하는 성경 구절들은 1인칭 표현이든지 3인칭 표현이든지 이야기 스타일의 설교에 쉽게 적용된다. 그러나 나는 설교자들이 그들의 표현에 있어서 이야기의 본질에 위배되지 않는 설교를 구성할 수 있는 반면에 전통적인 방식과도 조화되는 과정을 기술하기를 원한다.

설교의 중심 사상_____ 우선 주석 개념을 검토하고 시대를 초월한 주제를 만들어내는 용어들을 사용하는 동시에, 이야기의 역사적 정확성과 문학적인 의도를 반영하는 주석 개념을 다시 진술할 수 있는 방법을 결정하라. 이 과정은 많은 노력과 수많은 재진술을 필요로 한다. 그러나 일단 우리가 이러한 방법으로 개념을 정확히 설명하면, 어떠한 시대에도 하나님의 백성에게 타당한 영원한 신학적 개념을 소유하게 된다. 이것이 설교의 중심 사상이다.

설교의 중심 사상은 인생에 있어서 특별한 욕구, 문제, 혹은 고난에 대한 정확한 답변이다. 우리가 주석한 이야기는 개인이나 집단이 하나님의 시각으로부터 나오는 문제를 어떻게 성공적으로 다루느냐 또는 어떻게 성공적으로 다루지 못하느냐를 보여준다. 설교의 중심 사상은 치료약이다. 이야기는 어떻게 영적으로 병든 사람들이 이러한 치료약을 받아들이는가 혹은 거절하는가를 드러낸다.

설교자로서 우리의 일은 사람들이 어떻게 동일한 영적인 병에 관계되고, 어떻게 서로 영향을 미치며, 그리고 어떻게 투쟁하는지를 성도를 위하여 전개하는 것이다. 우리는 이러한 질병을 예증하는 것을 가능하게 하는 이야기의 그러한 측면들을 찾는다. 어떤 성경 구절들이 이것을 가능하게 하는지에 관심을 갖기보다는 차라리 줄거리, 인물 전개, 장면, 행동, 디자인, 분위기, 기타 등등이 어떻게 질병을 전개하는지를 증명하라. 설교의 전반부 혹은 2/3 까지는 이러한 요소들을 말하고, 상세히 설명하며, 구성하기 위해 사용한다.

영적인 질병을 전개하는 과정은 두 가지 일이 항상 일어나는 것을 의미한다. 첫째로, 설교는 좀처럼 중심 이야기를 연대기적으로 뒤따르지 않는다. 둘째로, 우리는 불균형을 이용해서 설교를 전개한다. 이야기의 불균형이 이용되어질 수도 있으나, 치료약이 설교의 중심 사상인 질병의 불균형이 더 자주 이용된다.

치료와 수용_____ 현재 우리는 설교의 두번째 측면인 치료에 대해 전개할 준비가 되어 있다. 우리는 주석/설교의 중심 사상을 입증하는 이야기의 요소들에 접근한다. 다시 우리는 자주 본문 주변을 돌아다닐 것이다. 우리는 하나님의 백성들이 자신들의 영적인 질병에 대한 하나님의 치유를 성공하지 못한 것으로 받아들이는 방법을 증명한다. 이러한 개념은 우리의 성도들에게 적용된다. 이런 방법으로, 설교의 중심 사상은 우리가 만들어냈던 불균형(영적인 병)에 대해 반전(치료)이 된다.

마지막으로, 우리는 이러한 치료를 받아들이거나 거절하는 것에 내포된 결과를 입증하는 데 마지막 남은 시간을 사용한다. 우리는 치료의 거절이 질병을 악화시키는 반면에, 치료의 수용이 어떻게 영적인 건강을 가져오는지를 보여준다. 우리는 질병(사망)보다는 건강(생명)을 선택할 것을 성도들에게 호소한다.

이러한 방식의 설교는 우리와 성도들이 이야기를 드라마로써 느낄 수 있게 만든다. 줄거리를 가지고 있는 설교는 그들이 이야기를 처음으로 읽거나 들을 때 느꼈던 불균형, 반전, 결단을 반영한 이야기를 사용한다. 그러나 우리는 이야기로써 다루어왔고, 이야기의 개념은 성도들이 인간성의 불균형에 대항해서 싸우며, 하나님의 진리의 반전을 이해하고 느끼고, 그리고 생명을 공급하는 결단을 내리는 원인이 되었다. 설교와 본문(이야기)은 둘 다 이야기로 다루어져왔다.

결론

이야기들을 설교한다는 것은 기쁨이다. 이야기의 주요한 개념을 발견하는 것은 놀라운 클라이맥스에 이르는 신비스러운 모험이다. 불균형을 통하여 성도들을 인도하는 것 또한 대모험이다. 설교의 줄거리가 드러나면서 성도들이 "아하!"의 경험을 하는 것을 지켜보는 것은 멋진 일이다. 결국 그것들이 진실한 이야기들에 기초를 두고 있기 때문에, 성도들을 참된 결단으로 이끄는 것은 진실로 만족스러운 일이다. 우리는 성경이 명확하게 표현했다고 결코 생각해본 적이 없는 개념들을 설교할 것이다. 그리고 결과적으로 우리는 성도들이 깜짝 놀랄 만한 선택을 내리는 것을 보게 될 것이다.

무엇보다도, 설교의 힘은 성령이 하나님의 말씀을 사용함으로부터 나온다는 것을 기억하라. 우리는 하나님이 일하시기 위해서 사용하시는 도구에 불과하다.

심화 학습

개념 이해하기
1. 이 장의 주제는 무엇인가?
2. 이 장은 주제에 관하여 무엇을 이야기하고 있는가?

개념 적용하기
1. 원본의 원어는 이야기를 주석하는 데 있어서 중요한 역할을 하는가?
2. 해석자는 이야기 구성 단위가 그 자체로 그리고 그것만으로도 전체 단위라는 것을 어떻게 확신할 수 있는가?
3. 이야기에 관한 설교는 어떻게 해야 명확히 전달할 수 있는가?

추천 도서

Jensen, Richard A. Telling the Story. Minneapolis: Augsburg, 1980.
Larsen, David L. Telling the Old, Old Story. Wheaton:Crossway, 1995.
Lowry, Eugene L. How to Preach a Parable: Design for Narrative

Sermons. Nashville: Abingdon, 1989.

Miller, Calvin. "Narrative Preaching." In Michael Duduit, ed., Handbook of Contemporary Preaching. Nashville: Broadman, pp. 103-16.

Wiersbe, Warren. Preaching and Teaching with Imagination: The Quest for Biblical Ministry. Grand Rapids: Baker, 1994.

테리 마팅글리(Terry Mattingly)

테네시 주에 있는 밀리건 대학에서 저널리즘을 가르치고 있고 신문 연합회의 유명한 칼럼니스트이다. 그는 일리노이 대학에서 저널리즘 전공으로 이학 석사학위(M.S.)를 받았다. 그는 문화와 그리고 대중 매체에 미치는 그 충격에 대해 그의 연구 영역을 넓혀왔다.

문화와 하위 문화에 대한 중심 사상 설교하기
문화를 주석하는 것에 관하여

테리 마팅글리(Terry Mattingly)

강해자는 또한 자신이 사는 시대를 가로질러 소용돌이치고 있는 사조들에 관해 알고 있어야 한다. 왜냐하면 각 세대는 자기 자신의 역사와 문화로부터 발달하고 자기 자신의 언어를 말하기 때문이다.[1]

한 침례교 목사가 덴버신학교의 붐비는 강당을 가로질러 나에게 손짓을 하면서 이상한 표정을 짓고 있었다. 그는 나지막한 목소리로, "마팅글리, 당신은 '델마와 루이스(Thelma & Louise)'라는 영화에 대해 어떻게 생각하세요?"라고 물었다.

나는 이 지점에서 준비할 필요가 있다. 당신도 알듯이, 이것은 목사가 어떻게 성도석에 앉아 있거나 또는 교회 주변의 이웃 사람들과 결국에는 다른 사고 방식을 갖게 되느냐에 관한 비유이다. 그리고 그것은 로빈슨이 사람들에게 설교법을 가르치는 동안에 직면했던 아주 힘든 일 가운데 하나에 관해 조명해준다.

---

1. Haddon W. Robinson, Biblical Preaching: The Development and Delivery of Expository Messages (Grand Rapids: Baker, 1980), 77-78.

내가 대중 문화와 매스미디어라는 학문을 신학교의 핵심 교과 과정에 넣을 계획을 가지고 로빈슨과 함께 일하기 시작한 것은 「록키 마운틴 뉴스」의 기자 일을 그만둔 지 몇 달 후인 1991년 가을이었다. 위에서 언급한 특별한 날에 나는 목사들, 동창생들, 신학교 관계자, 특별히 대학원 과정에 있는 학생들을 위한 오찬회의 강연자였다.

나는 학생들에게 강의해왔던 것을 그들에게 이야기하였다. 즉 그들이 매스미디어에 의하여 만들어진 언어와 상징들에 근거한 문화 속에 살고 있고 사역하고 있다는 것을 이야기하였다. 현대의 미디어는 대단히 침투적이고 대중적이어서 교회 지도자들은 그것들을 전혀 무시할 수는 없다.

목사들은 두 가지 방법 중 하나로 이러한 현실에 반응할 수 있다.

① 그들이 문화에 의해서 협박당할 수 있으므로 침묵의 상태로 있다.

② 그들이 선교사들처럼 생각하고 대중 문화를 사역에 대한 통찰력과 정보의 원천으로서 이용하는 것을 배울 수 있다.

대중 문화는 우리네 삶의 왜곡된 거울이지만, 그럼에도 불구하고 거울인 것이다. ①의 접근법을 사용하는 것은 아주 소극적이 되는 것이다. ②의 접근법은 매스미디어의 위험과 사회적 역할에 관한 비판을 미디어가 현대 생활에서 가지고 있는 힘에 관한 냉정한 이해와 조화시킨 것이다. 그것은 현실적이고 비판적이며 궁극적으로 건설적이다.

이러저러한 기회를 통해 로빈슨은 오찬회에 참석한 사람들에게 하나님의 말씀뿐만 아니라 문화를 주석할 필요가 있다고 말했다. 그것은 좋지 않은 반응을 불러왔다. 지금 이 자리에 잡지와 영화와 텔레비전과 토크쇼에 비판적인 주의를 기울여야 하고, 그리고 그것들을 통하여 배운 것을 설교 단상으로 가지고 올라갈 필요가 있다고 말하는 신학교의 강단에 서 있는 신문기자가 있다.

목사들 중의 상당수가 즐거워하지 않았고 나의 강연 후에 토론은 활기가 넘쳤다. 목사 한 분이 그것은 영화를 보았다는 사실을 인정하는 것을 의미하기 때문에 설교 단상에서 영화에 관하여 이야기할 수 없다고 솔직히 토로했다. 다른 목사 한 분이 "내가 그렇게 한다면, 두 명의 집사와 헌금을 많이 낸 사람이 나를 쫓아내려고 할 겁니다"라고 덧붙였다.

우리는 오찬을 위해서 토론을 중단했는데, 그때 침례교 목사님들이 나를 자신들 곁으로 데려갔다. 세 분의 다른 목사님들이 똑같은 질문인 '내가 델마와 루이스(여름 내내 신문에 대서특필되면서 논쟁을 불러일으켰던 리들리 스콧 감독의 여성 해방 선언적인 영화)에 관하여 어떻게 생각하고 있는지'를 물었다. 결국, 여배우인 수잔 서랜든과 지나 데이비스는 1991년 6월 24일 자 「타임 지」에 '왜 델마와 루이스가 신경을 건드리는가?'라는 전통적인 가치 체계에 도전하는 표제로 기사를 냈다.

나는 목사님들에게 정직한 대답을 해주었다. 나는 그 영화를 보지 못했지만, 그 영화에 대한 완전한 기록철을 가지고 있었다. 그래서 나는 그 영화가 성의 역할에 대한 우리 문화의 계속되는 토론에 불을 붙이는 가장 최근의 불꽃 역할을 했다는 것을 알고 있었다. 나는 그 영화가 지속적인 영향을 미치는지를 기다리면서 주시하고 있었다. 그 후에 나는 비디오 테이프로 그 영화를 보면서, 손에 펜과 메모지를 들고 책임질 수 있고 통제되어진 환경에서 신학교의 동료들과 함께 앉아서 신중하게 필요한 사항을 기록했을지도 모른다.

그러나 분명히 나는 이 문제에 대한 방침을 바꿀 필요가 있었다. 나에게는 설교단이 없었다. 그러나 그들에게는 설교단이 있었다. 그들은 현대 세계에서 순례자들을 인도할 책임을 진 목사들이었다. 그들은 경험이 많은 목사들이었다. 덧붙여 말하면 복합적인 계층이 모인 교회의 위태로운 환경 속에서 설교하는 데 위험을 무릅써왔던 사람은 내가 아니라 이들 목사님들이었다.

세번째 목사님이 나를 궁지에 빠뜨린 그때까지 나는 답변해야 할 필요가 있는 문제들을 질문할 준비가 되어 있었다. 그는 '델마와 루이스'에 관하여 어떻게 생각하고 있을까? 그가 그 영화를 보기로 결심한 이유는 무엇일까?

놀랍게도 그 목사님은 「타임 지」의 특집 기사를 보았고, 게다가 친구들이 그 영화에 관하여 이야기하는 것을 들었던 그의 부인으로부터 영화에 관한 이야기를 들었다. 그밖에도 그는 교회 사무실에서 사람들이 이야기하는 것을 우연히 들었다. 그는 교회에 다니는 몇몇 여자 성도들이 그 영화를 보고 영화에 대해 쉬지 않고 이야기하는 것을 알았다. 본능적으로 그는 이 영화가 연구해볼 만한 가치가 있다고 느꼈다.

여기까지는 좋다. 그렇다면 그 영화가 어떤 신경 조직을 건드렸다고 그는 생각했는가?

이 점에 대해서 그는 명확한 견해를 가지고 있지 못했다. 분명히 그는 그 영화가 여성의 분노와 관계가 있다고 말했다.

"그것은 옳습니다"라고 동의하면서 "델마와 루이스는 무엇에 관하여 분노하고 있습니까?"라고 물었다.

그는 남편들과 애인들이 그들을 학대했거나, 혹은 버렸고, 또는 앞의 두 가지 행동을 모두 했다고 말했다. 다른 남자들은 그녀들을 속이거나 공격했고, 또는 자신들의 의무를 이행하지도 소중히 여기지도 않았다. 서로 마음이 통했던 좋은 남자들까지도 교묘한 방식으로 곧잘 안전 거리를 유지했다. 델마와 루이스는 궁지에 몰렸다는 것을 느꼈다. 그들은 미칠 지경이었다. 그때 그들은 복수를 시도했다.

이것이 매우 흥미롭다고 나는 말했다. 그는 왜 이 메시지가 그의 보수적인 교인들 가운데 많은 여성들에게 호소력을 지니고 있다고 생각했겠는가? 그들이 어둠 속에 앉아서 이 영화를 구경하기 위하여 모이거나, 홀로 몰래

들어가는 이유는 무엇인가? 참으로 그의 교회 성도 가운데 분노에 찬 여성들이 있었는가?

그때 그는 매우 불편해했다. 확실히 그는 자신의 교회에 다니는 일부 여성도들이 몇 가지 이유로 인하여 화가 나 있다고 말했다. 그의 교회 성도들 가운데는 이혼을 한 사람들도 있었고, 일부는 부도덕한 상태에 있었다. 감정적인 학대가 있었고, 몇몇의 경우 육체적인 학대도 있었다. 남편들이 보이지 않는 사람들도 있었고, 몇몇 다른 남자들도 역시 사라져버리기를 그 자신이 원했던 때도 있었다. 많은 부인들이 남몰래 그들의 남편들이 일벌레요, 감정적으로 냉랭하다고 불평했다. 그들 중 일부는 미혼모처럼 느끼고 있었다.

그의 교회에는 분노와 슬픔으로 가득 찬 여성도들이 있다고 말했다. 나는 그들 가운데 일부가 '델마와 루이스'를 구경하러 간 성도들이었냐고 물었다.

그는 맞다고 고개를 끄덕였다.

그것은 나에게 설교할 가치가 있을지도 모른다는 것처럼 들린다고 말했다.

그것은 그렇다고 목사가 말했다. 그러나 그는 그것을 설교할 수 있는 방법이 없다는 것을 알았다. 첫째로, 그는 이러한 감정적인 사람들을 격하게 만드는 주제에 관하여 자신이 설교할 수 있는지를 확신하지 못했다. 그는 또한 그 영화가 교회와 관련된 문제들을 제기했다고 주장하는 것은 고사하고, 그가 성인 영화를 인용하는 것 자체만으로도 성도들 중 상당수가 동요를 일으킬 것이라는 것을 알았다. '델마와 루이스'를 보고 그것에 공감해왔던 사람들조차도 만일 그들의 목사가 그 영화는 정당한 문제들을 제기하였으나 위험스러운 해결책을 제시했다고 말한다면 당황해할지 모른다.

그것은 틀림없이 너무 위험한 일일지도 모른다. 그는 영화를 보러 갈 수 있으나 그가 그렇게 했다는 것을 시인할 수는 없을 것이다. 영화에 의해서 고취된 통찰력과 감동들은 그의 성도들의 삶에 적어도 직접적으로는 적용되어질 수가 없었다. 그는 교회와 생활의 분리라는 고통스러운 딜레마에 빠졌다. 이러한 신호가 그의 교회가 한계를 넘어선 것이라고 선포해왔던 생활영역으로부터 나타났다는 것도 고통스러운 일이었다. 나는 마지막으로 한 가지 질문을 던졌다. 그래서 성도들이 이러한 종류의 왜곡된 삶의 문제들에 관한 설교를 듣기 위하여 영화관으로 갔는가? 그는 다시 한번 고개를 끄덕였다.

그 시대에 발생한 문제들에 대해 이야기하기

> 하나님에 대하여 효과적으로 이야기하고자 하는 사람들은 먼저 그들 시대의 당면한 문제들과 싸워야 하고 하나님의 영원한 진리의 관점에서 이들 문제들에 관하여 이야기하여야 한다… 현시대의 하나님이 우리가 사는 곳에서 우리와 만나주신다는 것을 성경적으로 설명하기 위하여 설교자는 성경뿐만 아니라 성도들을 연구할 필요가 있다.[2]

매일매일 우리의 문화는 우리에게 신호들을 보내고 있다.
대부분은 아닐지라도 많은 부분이 무가치한 것이다. 따라서 우리들은 그것들을 무시하는 경향이 있다. 시각적인 매스미디어, 특히 텔레비전의 경우가 대표적인 예라고 할 수 있다. 텔레비전이 어디에나 있으므로, 우리들은 이제 더 이상 그것이 전하는 메시지들 중 많은 부분에 주목하지 않는

---

2. 같은 책, 78-79.

다. 매스미디어 연구가인 네일 포스트맨(Neil Postman)은 다음과 같이 지적하였다. "텔레비전은 사회적이고 지적인 분야의 자연방사선, 그리고 세계 전쟁의 전자 대폭발의 거의 감지할 수 없는 찌꺼기가 되어왔고, 미국 문화에 너무 친숙하고 완전히 일체화가 되어서, 우리들은 이제 더 이상 배경 속에서 어렴풋한 소리에 귀를 기울이지 않거나 깜박거리는 회색빛을 보지 않는다."[3]

정적인 것을 분류하여 각 유형을 나누는 데 재능을 가지고 있는 사람들도 있고, 신호를 들은 후에 응답을 전달하는 방법을 해독해내는 데 재능을 가지고 있는 사람들도 있다. 이것은 이 작업이 쉽다는 것을 의미하지는 않는다. 또한 어떤 사람이 이러한 종류의 지적이고 정신적인 훈련들을 행하는 법을 다른 사람들에게 가르치는 완벽한 방법을 발견했다는 것을 의미하지도 않는다. 그러나 그가 사역하는 중에 어딘가에서 로빈슨은 그의 학생들에게 도약을 위해 노력할 것을 주장하였다. 아마도 이것은 일리노이 주립대학에서 커뮤니케이션을 공부할 때 배웠던 과목들과 관계가 있는 듯한데, 그는 그곳에서 종교 방송에 관한 그의 자료 속에 아주 정밀한 유형들까지 기록하기 위하여 창고 크기의 초기 컴퓨터를 사용했다.

"여러분 가운데 대부분이 텔레비전이 없는 세상을 생각할 수도 없을 것인데, 텔레비전은 책이 3~4백 년 전에 그랬던 것과 마찬가지로 이 세상 어디에서나 사람들의 삶을 지배하게 되었다"고 구전에 관한 도서들이나 점토판 도서들로부터 인공위성과 컴퓨터 네트워크에 이르기까지를 다룬 1991년 덴버 설교에서 로빈슨이 말했다. "텔레비전은 동시에 어디에든지 존재한다. 우리는 현대 사회에 들어와서 전자미디어 사회로 이동했다. 사람들이 개념을 얻는 방법, 이상을 형성하는 방법은 그들이 책을 읽기 때문이 아니고, 그것

---

3. Neil Postman, Amusing Ourselves to Death: Public Discourse in the Age of Show Business(New York: Penguin, 1985), 79.

을 보고 생생하게 마음속에 그리기 때문에 얻어진다... 그것은 텔레비전에 관한 것이다."⁴

대부분의 교회 지도자들은 책의 문화 속에서 사역하고 설교하는 방법을 교육받았다. 그들은 책에 대해서 편안하게 느낀다. 그들은 인쇄된 상태에서 만나는 대부분의 개념들에 대해 설교단상에서 대답하는 방법을 알고 있다. 그들은 쇼핑 센터, 로비 그리고 대합실에 있는 복합 상영관에서, 동네 비디오점에서, 또는 전략적으로 그들 자신의 집이나 교구민의 집에 설치되어 있는 TV 화면을 통해서 만나는 이미지, 개념, 감정의 공세에 대해서 불편해한다.

만일 대부분의 신학 교육을 받은 목사님이 그렇게 하기를 요청받는다면, 그들은 하나님의 말씀이 사람들이 일상 생활에서 단호한 결정을 내리는 데 도움을 줄 수 있는 절대적인 진리를 내포하고 있다는 것을 믿는 것이 중요한 이유에 관하여 논문을 쓰거나 설교를 할 수 있을 것이다. 많은 목사님들이 수세기에 걸친 기독교의 가르침과 또 다른 종교의 믿음 사이에 구별을 지우면서, 그 종교의 대표자와 토론을 벌일 수 있을지도 모른다. 그러나 만일 그러한 똑같은 설교자들이 오프라(Oprah)가 눈물을 짜내는 사연이 방송된 후에 어떻게 사람들이 그들 마음속의 속삭임을 따라가고, 그리고 행복과 즐거움을 발견하는지에 관한 이야기를 쾌활하게 진행하는 프로그램을 보았다면, 상당한 어려움을 겪거나 아니면 방향을 상실할 것이다. 다시 말해서 진리는 인간의 경험에 뿌리를 두고 있고, 그리고 도덕적인 절대 불변의 기준들이 있다 하더라도 거의 없다.

이러한 목사님들에게는 힌두교 신자들과 토론하는 것을 가능하게 하는 신학교 교과 과정을 이수하는 것이 필수였을지도 모른다. 그러나 어느 누구

---

4. 대중 매체, 신학 교육 그리고 교회에 중점을 둔 1991년 1월 4일 덴버 신학교에서의 로빈슨의 설교로부터 인용됨. 만일 다른 언급이 없으면, 이 장에서 계속된 로빈슨의 인용구는 같은 설교로부터 인용된다.

도 그들에게 시나리오 작가들이나 연출가들이 동일한 개념들을 선택해서 1,000만 달러의 경비를 지원받아 그 개념들을 사람을 매료시키는 신화나 우화의 형태로 거실 안으로 전파를 발사할 것이라고 이야기해주지 않았다. 그들의 변증법 교수가 성경을 '스타 트랙(Star Trek)'과 '일급 작전 명령(Prime Directive)'에 적용하지 않았다는 것은 불리한 것이다.

우리들은 시각 설교의 시대에 살고 있다. 우리들은 그로 인해 즐거워하지만 진지하게 다루지는 않는다. 무엇보다도 우리들은 시각 매스미디어의 전달 방법이 그것이 전달하는 내용과 마찬가지로 똑같이 중요하다는 것을 이해하지 못한다. 우리가 장(Chapter)과 절(verse)에 의거한 논리적이고 직선적인 주장들을 가지고 논박할 수 있는 주제들을 포함한 책을 우리에게 보낼 만한 세속적인 매스미디어의 지배와 힘을 기다리는 동안에, 우리는 상징들과 이야기들에 흠뻑 젖게 된다.

광고를 보라. 대부분의 미국인들의 의견이 일치하는 몇 가지 사항들 중의 하나가 그들이 광고에 의해서 영향을 받지 않는다는 것이다. 그러나 쇼핑 센터 속을 걷고 있는 대부분의 사람들이 많은 상업 광고에 쓰이는 경쾌하고 짧은 노래들을 부를 수 있고, 몇 백 건의 광고 선전 문구를 써넣을 수 있으며, 그리고 그들이 좋아하는 것과 싫어하는 것 대부분이 수년 간의 이미지, 즉 그렇게 되기를 의도한 것들에 관한 영상 공세에 의해서 형성되었다.

그러나 오늘날 몇 줄의 광고와 직선적인 주장들을 이용하여 자기 선전을 하는 광고들은 거의 없다. 대신에, 그것들은 우리에게 이미지를 보여준다. 재미있는 것들도 있고 시시한 것들도 있으나, 그것들은 거의 항상 화려하고 흥미를 끈다. 이러한 이미지들이 일종의 성례 제도에 있어서 첫번째 단계다.

1단계: 이미지를 보고 느낌을 경험하고 욕구를 느껴라.

2단계: 제품을 사서 소비해라.

3단계: 이 물건을 사용하거나 소비하는 것이 그 이미지들을 갖고 있는 사람들과 동일하게 되는 데 도움이 된다는 것을 확신 있게 받아들여라.

목표는 "나는 이 제품을 소비한 그런 부류의 사람이다"라고 말할 수 있게 되는 것이다. 그들이 깨닫든지 깨닫지 못하든지, 쇼핑 센터에서 이러한 믿음의 서약을 한다.

이러한 행동은 논리를 초월한다. 매스미디어 이론가인 루이지(Luigi)와 알레샌드라(Allesandra)는 다음과 같이 지적한다. "소비자는 마치 제품이 그 자체의 영혼과 인격을 가지고 있는 것처럼 행동하는 경향이 있다. 그러므로 광고의 기능은 소비자들의 마음속에 이 영혼을 제안하거나 만들어내기까지 하는 것이다… 이것은 명백히 거짓된 정신 상태이다. 또한 우리의 일상 생활의 일부분이 된 범죄, 공포, 조직 폭력, 가난, 인종 차별주의, 대량 학살을 바라보면서 우리는 실제로 극도의 영적인 공허감을 겪게 될 것 같은 느낌이 든다."[5]

시각적인 이미지들은 특히 이야기들을 말하고 감정들을 자극할 때 효과적이다. 그것들은 의견들과 태도들을 형성해가면서 몇 층으로 이루어진 이미지들을 가지고 광범위하고 상징적인 일격으로 스크린에 나타난다.

로빈슨은 1991년 설교에서 다음과 같이 이야기하였다. "우리들은 적대적인 환경 속에 있다. 그것은 이미지와 의사 소통하는 환경이다. 그것은 드러나지도 않고 큰소리로 주장하지도 않는다. 그것은 단지 여러분들에게 그림만을 매일매일 보여준다. 여러분이 그것을 깨닫기 전에, 마음 심층부에서

---

5. Luigi and Allesandra Manca, "The Siren's Song: A Theory of Subliminal Seduction," published in Mediamerica, Mediaworld, 5th ed, (Belmont, Calif.: Wadsworth, 1993), 298-300.

여러분의 가치가 이동해왔고, 수없이 여러분이 믿음을 잃었다는 것을 발견한다. 그것은 변화다… 여러분이 텔레비전을 볼 때, 사람들이 강도당하고 성폭행당하고 살해당하는데도 그들은 결코 기도하지 않는다. 그들은 전혀 목사를 찾지 않는다. 그들은 결코 예배에 참석하는 것 때문에 고민하지 않는다. 텔레비전의 세계는 하나님이 존재하지 않는 세계이다. 그것은 우리가 살고 있는 세계이다." 그는 만일 교회가 이러한 변화를 심각하게 생각하지 않는다면, "우리들은 사회의 매연 속에 방치된 상태로 있게 될 것이다"라고 지적하였다.

로빈슨은 "교회가 이러한 변화들을 무시해야 한다고 정면에 나서서 말하는 지도자는 거의 없을 것이다"라고 말했다. 그러나 대중 문화 속에 있는 상징과 전달을 하도록 도전받았을 때 대부분의 설교자들은 침묵으로 일관한다. 그들은 대응법을 교육받지 못했다. 대개의 경우에 그들은 그런 시도를 하지 말아야 한다고 교육받아왔다.

통찰력을 이용하는 것

그리스 시인들과 철학자들을 인용할 때, 바울은 물론 아테네 철학자들에게 아테네 철학을 확인하지 않았다. 이교도에 관한 자료를 인용할 때, 바울은 성경의 계시와 일치하고 더욱더 쉽게 청중이 받아들일 수 있는 통찰력들을 단지 이용했을 뿐이었다.[6]

신학석사인 한 학생이 당황해하며 화가 나 있었다. 그는 질문을 던졌다.

---

6. Ned B. Stonehouse, "The Areopagus Address," in Paul Before the Areopagus and Other New Testament Studies(Grand Rapids: Eerdmans, 1957), 1-4에서 인용됨.

왜 뉴스와 오락물의 추세를 분석하는 것이 중요한가? 세속적인 매스미디어가 자유 분방하고 교회에 적대적이라는 것은 누구나 아는 사실이다. 그럼에도 불구하고 그렇게 많은 수업 시간을 대중 문화에 관해 논하는 데 소비하는 이유는 무엇인가? 그는 목사가 되는 법을 배우기 위하여 신학교에 들어왔다고 말했다. 이러한 매스미디어 지식이 그것과 무슨 관계가 있는가?

"자, 제가 유창하게 복음에 관한 것을 말하지 못한다고 가정해봅시다. 간단한 영어로 신학교 학생들에게 정말로 중요한 주제에 관하여 말해보십시오"라고 내가 말했다.

첫째 줄에 있는 한 학생이 '제자의 신분'이라고 대답하였다.

그것은 함축적인 단어라고 나는 말했다. '제자의 신분'이 무엇을 의미하는가?

그 학생은 그의 사역이 현실 세계에 살고 있는 사람들의 실제적인 삶을 움직이기를 원한다고 말했다. 그는 직업, 결혼, 금전과 같은 중요한 문제들에 관하여 현실 세계에 살고 있는 사람들의 사고 방식에 영향을 미치기를 원했다. 그는 "저는 그들의 실생활에 영향을 미치는 신앙을 원한다"고 말했다.

나도 동의했다. 제자의 신분, 진지하게 생각해보면 그것은 수표책, 휴대용 계산기 그리고 일상 생활에 영향을 미쳐야 한다. 그때 나는 내가 소유하고 있는 현대 매스미디어의 주요 형태들, 즉 텔레비전, 광고, 영화, 출판물, 비디오, 뉴스 미디어, 대중 음악, 기타 등등에 관한 목록을 중심부에 놓고 설명하였다. 물론 이러한 세속적인 매스미디어가 사람들이 일, 성공, 성(性), 가족, 이혼, 어린아이들, 삶, 죽음, 또는 내세를 바라보는 방법에 영향을 미치지 못한다고 농담으로 말했다. 그리고 매스미디어를 경영하는 사람들은 결코 기독교를 무시하거나 기독교와 충돌하지 않는다고 했다. 맞는 말인가?

주위를 둘러보았을 때, 나는 전등의 스위치가 찰칵 하고 켜지는 것을 볼 수 있었다. 그 순간에, 나는 '제자의 신분'에 관하여 신문잡지 특유의 정의를 즉석에서 만들었다. "여러분은 시간을 어떻게 보내는가? 돈을 어떻게 사용하는가? 여러분은 어떻게 결정을 내리는가?" 만일 목사들이 오늘날 미국에서 매스미디어의 힘과 충돌하지 않고, 이러한 질문에 대답할 수 있다면, 그들은 아만파 사람들에 대한 사역에 전망이 있는 사람들이다.

이것은 세속적이고 상당히 통계학적인 정의이다.[7] 그러나 이러한 종류의 실제적인 문제들에 대하여 질문하고 답변하는 것은 교회 지도자들로 하여금 그들이 마음을 움직이고 싶어하는 사람들의 삶을 연구하도록 만들 것이다. 로빈슨은 연설자들에게 그들의 이야기를 듣는 사람들의 머리와 가슴속에 깊숙이 존재하는 것을 이해하도록 노력해야만 한다는 것을 계속해서 상기시킨다.

이러한 종류의 문제들에 부딪혔을 때, 북미에 왔던 선교사라면 누구든지 매스미디어가 문화 속에서 수행하고 있는 중심적인 역할을 빠르게 이해했을 것이다. 대개의 경우 미국인들은 주제가 너무 엄청나기 때문에 이것을 알 수가 없다. 그것은 물고기의 생활을 묘사하기를 요청받았을 때, 물을 언급하는 것을 잊어버렸던 물고기에 관한 오랜 중국 속담과 같다.

목사들이 어떤 방법으로 좀더 선교사들처럼 생각하는 것을 배울 수 있을까? 바울이 새로운 지역으로 들어갈 때마다, 그는 유대인 회당과 시장 쪽으로 곧바로 향했던 것 같다. 오늘날 이렇게 하기를 원하는 설교자라면 누구든지 사람들이 소파에 앉아 있는 동안에 또는 쇼핑 센터를 어슬렁 어슬렁 걷는 동안에 받는 신호들을 연구할 필요가 있을 것이다.

---

7. 이 장의 나머지 부분은 고든 콘웰 신학교에서 행해진 마팅글리의 연례적 강의인 'And Now a Word from Your Culture'의 자료에 기초하였다. 다음의 책들에서 동일한 제목을 가진 장을 참조하라: Shaping Our Future: Challenges for the Church in the Twenty-First Century(Cambridge and Boston: Cowley, 1994), 130-44.

그렇다면 '신호'란 무엇일까? 나는 이것을 교회의 주요한 관심사인 주제에 초점을 맞춘 매개체나 대중 문화의 한 단편으로서 정의한다. 그것은 신문 기사, 텔레비전 쇼의 한 이야기, CD, 영화, 새로 나온 비디오, 베스트 셀러, 또는 다른 어떤 품목일 수 있다. 목표는 매스미디어가 매일마다 쏟아내는 수백만 개의 신호 중에서 단 하나의 가치 있는 신호에 채널을 맞추는 것이다. 무엇보다도, 목사들은 매스미디어가 성경의 영역으로 대침투를 시작할 때를 즉시 알아야만 한다.

'델마와 루이스'의 사례에서, 설교자들은 확실한 신호를 발견했다. 어떻게? 그들은 이것이 중요한 영화라는 증거를 다른 대중 매체에서 찾아냈다. 이러한 종류의 교차 효과는 흔히 일어나는 일이다. 예를 들면, 신문들은 보통 논의의 여지가 있는 영화들이나 텔레비전 프로그램들에 관하여 사전에 예상 기사들을 쓴다. 마찬가지로 이러한 설교자들은 그들의 가족이나 성도들에게 귀를 기울였다. 설교자들이 교회의 권위를 박탈하는 것들에 대하여 이야기할 수 있는 어떤 공개 토론회를 찾는 것이 상당히 중요하다.

젊은 목사들은 청년들에게 그들이 좋아하는 예술가나 좋아하는 밴드가 만든 비디오들에 관한 신문이나 잡지의 기사를 보여줄 것을 요청할 수 있다. 특히 교회 지도자들은 이러한 이야기들에 관하여 경청하고 주의를 기울여야 한다. 나는 한 번도 사람들이 북적대는 교회 로비에 있어본 적이 없어서 사람들이 영화나 텔레비전 쇼에 관하여 이야기하는 것을 듣지 못했다. 다시 한번 언급하건대, 선교사처럼 생각하라.

신호들을 정확히 이해하는 것

대부분의 신호들은 세 가지 부류로 구분된다. 첫번째는 대단히 명확해서 세속적인 미디어조차도 그것이 도덕적이고 신학적인 내용을 담고 있다는 것을 쉽게 알 수 있는 신호이다. 이러한 신호들은 교회를 들락날락거리는 상당한 수의 사람들에게 도달한다. 「양들의 침묵」이란 소설의 영화에 관하여 악과 죄란 주제가 「타임 지」표지 기사로 실렸는데, 그 소설을 읽은 목사라면 악의 존재를 하나님의 섭리라고 하는 공공연한 주장을 발견했을지도 모른다. 매년 또는 2년마다 정기적으로 내세 체험(life after-death)과 임사 체험(near-death experience)에 관한 행사들이 열린다. 이러한 명확한 주제들의 목록은 계속 증가될 것이다.

두번째 신호는 특정 영역의 사람들에게 소총탄으로서 보여질 수 있다. 독신으로 사는 사람들과 함께 일하는 사람들은 누구나 그들의 매스미디어 생활이 결혼하거나 자녀를 두고 있는 사람들의 생활과 다르다는 것을 안다. 오늘날, 젊은 근로자들은 어떤 청년 문화가 가장 적절한 것인지를 물어보아야 한다. 그러나 그들은 유선 방송과 위성 방송이 많은 지역적인 차이점들을 없애왔다는 것을 결코 잊을 수 없다. 애팔래치아 산맥의 구릉 지대에 살고 있는 청년 집단의 구성원들은 대도시 근교의 십대와 마찬가지로 1994년 그런지 락커(Grunge rocker)인 커트 코바인(Kurt Cobain)의 자살에 망연 자실했을 것이다.

이것이 대부분의 교회 지도자들을 실망시키는 매스미디어의 가장 두드러진 모습 가운데 하나이다. 국민적인 시대 풍조와 신화를 만들어내는 매스미디어는 또한 성도들을 서로 다른 언어로 이야기하는 소그룹들로 나누어놓는다. 어느 날은 젊은이들이 이질적인 것들과 과학적으로 풀 수 없는 것들에 관하여 이야기한다. 다음 날은 '60분(60 Minutes)' 또는 '투데이 쇼(The Today Show)'가 방영되고 있는데 노인분들이 안내를 요청한다. 목사들은 일부 성도에게 공격이 되는 신호를 설교함으로써 모든 사람들과 거리가 멀어질까봐 두려워한다.

하나의 시대 정신만 있는 것이 아니다. 그것들은 무수히 많다. 그러나 이러한 문제에 대한 해결책은 침묵이 아니다. 여기에 일반적인 규칙이 있다. 즉 청중이 신호에 의해서 보다 큰 영향을 받을수록, 신호는 설교단에서 더욱더 효율적으로 이용되어질 수 있다는 것이다. 만일 그 범위가 소규모라면 이 문제는 피정지나 세미나와 같은 보다 소규모의 공개 토론회에서 다루어져야 할 것이다.

마지막으로 아직까지 일반 국민의 의식 속으로 폭발하지 않았기 때문에 중요한 신호들이 있다. 종종 곧 옥상으로부터 외쳐질 문제들에 관하여 대중 문화 속에서 속삭이는 소리를 듣는 것이 가능하다. 이것은 시나리오 작가, 음악가, 신문 잡지 기자들이 대체적으로 종교 교육자, 기업가, 관료주의자들이 하는 것보다 대중의 경향을 훨씬 더 감시한다는 것을 인정해야만 하는 부분이다.

음악가이며 작가이기도 한 존 피셔(John Fischer)는 다음과 같이 지적하였다. "길을 잃고 나아갈 길을 찾을 수 없는 사람보다 길을 잃어버린 상황을 더 잘 설명할 수 있는 사람은 없다... 많은 점에서, 세상은 스스로 가장 훌륭한 비평가이다. 세상에 대한 가장 날카로운 고발이 신문 잡지 기사, 시사 평론가, 예술가 그리고 신문 잡지의 만화에서 나온다. 신문의 만화란 은 자신의 문제를 해결하려는 세상의 시도들이 어떻게 자주 중간에 막을 내리는지를 보여주면서, 사회 비평 가운데 최고의 혹평까지도 전달할 수 있다."[8]

목사들은 그들의 설교 개요 중 하나에 연결시킬 적절한 예증을 찾기 위하여 대중 매체의 덤불을 철저히 뒤지면서 대중 문화의 각 분야를 이리저리

---

8. John Fischer, What on Earth Are We Doing? Finding Our Place as Chistians in the World(Ann Arbor, Mich.: Servant, 1996), 119.

돌아다닐 것을 두려워할 수 있다. 그것은 상당한 시간 낭비일 것이다. 대신에, 그들은 자신의 성도들이 대중 문화 속에서 만나는 진실과 거짓에 대하여 이야기할 때 귀를 기울여야 한다. 다시 한번 생각해보자. 성도들이 시간을 어떻게 보내고 있는가? 그들은 돈을 어떻게 사용하고 있는가? 그들은 어떻게 결정을 내리고 있는가?

쇼핑 센터로부터 설교단까지

그렇게 설교자는 가치 있는 신호를 발견한다. 현재는 무엇인가? 로빈슨과 함께 일하는 동안에 나는 쇼핑 센터로부터 설교단까지 도달하기 위한 4단계의 과정을 개발하였다.

1단계는 전에 정의한 바와 같이 특별한 대중 매체의 신호를 확실하게 찾아내는 것이다.

2단계는 정직하고 편견 없는 분석을 요구한다. 우리는 예술가들이 그것을 정의하려고 했던 바와 같이 신호의 '세속적인 주제'라고 부르는 것을 찾기를 원한다. 종종 인터뷰에 단서들이 포함되어 있다. 예술가들은 청중의 주의를 끌고 그 상태를 유지해야만 한다는 것을 기억하라. 어떻게 해서든지 그들은 현실적 문제들이나, 우리들이 '중심 사상'이라고까지 부를 수 있는 것들, 즉 삶, 죽음, 사랑, 미움, 돈, 결혼, 성, 공포, 아이들, 분노, 자랑, 증오, 전쟁, 기타 등등을 다루어야 한다. 우리는 예술가가 이야기하고 싶어하는 주제가 무엇인지를 물어야 한다.

3단계는 2단계를 반영한다. 당신이 이러한 '세속적인 주제'를 발견했다면, 그것은 거의 항상 도덕적이거나 신학적인 함축된 의미를 띠고 있을 것이다. 여러 시대를 거치면서 우리들이 성인(聖人)들과 죄인들과 같이 공유하는 것은 '신성한 주제' 일 것이다. 이야기들도 변하고 이미지들도 변한다. 문제들이 자주 새롭고 이상하게 들린다. 그러나 '중심 사상' 들은 인간 경험의 내용이 동일하기 때문에 놀랄 정도로 일정하다. '신성한 주제들' 이 변하지 않기 때문에 교리들이 존재하고, 성경은 모든 세대에 관련된다. 이러한 점에서 신학 교육을 받은 목사들, 그리고 그 밖의 교회 지도자들이 매스미디어의 지배를 받는 많은 사람들의 삶과 아주 가까운 거리에 있다.

4단계는 교회 지도자들에게 반응하는 방법에 관하여 생각하도록 요구하기 때문에, 가장 어려운 부분이라고 할 수 있다. 이것은 텔레비전 네트워크나 디지털 장비를 필요로 하지 않는다. 교회는 그것의 힘, 즉 설교, 기독교 교육, 기도 모임, 묵상 그리고 다른 전통적인 사역의 형태들을 이용해서 반응해야 한다.

그러나 응답의 중요 요소로서 매스미디어 신호들을 이용하는 것이 사실상 중요하다. 다시 말해서, 우리가 소파에 앉아 있을 때 그리고 쇼핑 센터에 있을 때 우리의 마음을 사로잡는 신화들과 메시지들이 중요하다. 우리들은 성도들의 본질적인 삶에 관하여 그들에게 이야기해야만 하는데, 좋아하든지 그렇지 않든지 간에 이것은 대중 문화에 관하여 이야기하는 것을 의미한다. 우리들은 우리들이 귀기울이고 있다는 것을 인정해야만 한다. 우리들은 이해하려고 노력해야만 한다.

그렇게 함으로써, 우리들은 세상이 교회의 의식과 의무를 강탈하지 못하게 만든다. 우리들은 단지 교회가 침묵한 상태로 있을 수 없는 토론에 참여하게 될 것이다. 우리들은 대중 문화로부터 발생하는 신호들을 연구하고 그것들을 교회에서 공개적으로 토론하지 않고는 그렇게 할 수 없다.

이러한 행동을 용감하게 할 수 있는 목사들은 성도들이 이러한 주제에 관해 빈번히 토론하는 것을 발견할 것이다. 그들은 침착하지 못할 것이다. 그들은 서로의 의견들에 이의를 제기하고 다른 사람들의 판단들을 비판할 것이다. 그들은 목사가 그들의 말에 귀를 기울이게 만들 것이다. 그들은 질문을 던질 것이다. 많은 성도들이 도움을 요청할 것이다.

많은 교회 지도자들에게 이와 같은 반응들은 처음에는 놀라움으로 다가올 것이다. 그러나 이것이 매스미디어의 문제들로부터 돌아서서 도망가는 이유가 아니라 그것들을 설교하는 이유이다. 우리들은 성도들의 대부분이 통제되는 매스미디어를 가지고 있지 않다는 것을 인정해야만 한다. 만일 있다고 하더라도, 그것은 그 반대다.

의기 소침해지는 것이 편할지도 모른다. 낙담하여 이 일은 불가능하고, 우리 교회에서는 있을 수 없는 일종의 정직함을 요구한다고 말하는 것이 편할지도 모른다. 교회가 이미 시대에 너무 뒤쳐져 있어서, 현대에서 그들을 공격하는 사람들로부터 영원한 진리를 지키고 있는 노력조차 하지 않는 편이 차라리 더 좋겠다고 말할 사람도 있을 것이다.

로빈슨은 그러한 사정에 관하여 전부 알고 있다. 그러나 그는 하나님이 우리의 시대, 즉 이 시대에 빛을 밝히는 데 설교를 사용하실 수 있다는 것을 여전히 믿고 있다. 그가 덴버에서의 설교를 결론지은 것처럼, "만일 교회와 신학교들이 해야 할 것을 하지 않는다면, 하나님은 다른 일들을 계속해서 하실 것이다"라고 말하였다. "우리들은 항상 하나님의 승리의 관점에서 인생을 살아간다. 하나님은 우리를 필요로 하지 않으신다. 하나님은 그들이 항상 해왔던 방법대로 일을 처리할 것이 확실한 사람들을 필요로 하지 않으신다. 하나님이 교회를 모른 체하실 것이다. 하나님은 등불을 꺼버리신다. 하나님은 다른 것들로 옮겨가실 것이다. 우리들이 하나님과 함께 움직일 것인지 또는 우리들이 있는 그곳에 머무르면서 어딘가 다른 곳에 불이 떨어지게 할 것인지가 유일한 문제이다. 그것은 도전이고, 만일 우리들이 응답하지 않는다면 누군가 다른 사람이 응답할 것이다. 하나님의 일은 우리와 협력해서 이루어지거나 우리 없이도 이루어질 것이다."

심화 학습

개념 이해하기
1. 이 장의 주제는 무엇인가?
2. 이 장은 주제에 관하여 무엇을 이야기하고 있는가?

개념 적용하기
1. 설교자가 문화를 이해하는 것이 중요한 이유는 무엇인가?
2. 설교를 준비중인 설교자를 위한 '매스미디어 신호들'의 특징은 무엇인가?
3. 우리가 문화를 주석하기 시도할 때, 우리가 부딪히는 문제들에는 어떠한 것들이 있는가? 이러한 문제들에 대하여 설교하라는 마팅글리의 제안을 어떠한 방법으로 이용할 것인가?

추천 도서

Brown, Steve, Robinson, Haddon, and William Willimon. A Voice in the Wilderness: Clear Preaching in a Complicated World. Sisters, Oreg.: Multnomah, 1993.

Duduit, Michael, ed. Communicate with Power: Insights from America's Top Communicators. Grand Rapids: Baker, 1996.

Hull, William E. "The Contemporary World and the Preaching Task." In Michael Duduit, ed., Handbook of Contemporary Preaching. Nashville: Broadman, 1992, pp. 571-87.

Hybels, Bill, Brisco, Stuart, and Haddon Robinson. Mastering Contemporary Preaching. Portland: Multnomah, 1990.

Miller, Calvin. Marketplace Preaching: How to Return the Sermon to Where It Belongs. Grand Rapids: Baker, 1995.

브루스 L. 쉘리(Bruce L. Shelly)

교회 역사와 역사적 신학을 40년 동안 덴버 신학교에서 가르치고 있다. 그는 20권 이상의 책을 저술하거나 편집했다. 그는 풀러 신학교에서 신학 석사학위(M.Div.)를, 그리고 아이오와 대학에서 철학 박사학위(Ph. D.)를 받았다.

중심 사상과 신학의 대주제

브루스 L. 쉘리(Bruce L. Shelly)

성경 속에는 족장들, 예언자들, 제자들이 이야기에 들어가서, 그들에게 주어진 역할을 감당하며 상상조차 하기 힘든 장엄한 풍경 앞 오른쪽이나 왼쪽에 존재한다. 그들의 개인적인 삶들은 오직 영원한 진리, 빛과 그림자 속에서만이 의미를 발견한다. 창조의 막이 오르고, 모리아 산, 출애굽, 시내 산, 베들레헴, 갈보리의 장면들이 지나가서 결국에는 결말 없이 '다가올 삶' 속으로 사라져간다.

설교의 대가들은 이러한 이야기 속에 담겨진 메시지가 신학을 생겨나게 했다고 말한다. 그리고 신학은 완전히 성숙되었을 때 지루한 것과 사소한 것의 속박으로부터 설교를 한다. 어쨌든 그것이 내가 설교의 대가들로부터 들은 이야기다. 예를 들면 프레드 크래독(Fred Craddock)은 예전에 다음과 같이 말하였다. "소주제들은 동전과 같다. 고급 광택약으로 윤을 냈을 때조차도 그것들은 여전히 동전일뿐이다." "어떠한 최종적인 비전을 우리에게 제시할 것인가?"[1]라고 설교자에게 대담하게 질문할 수 있는 것은 단지 신학

---

1. Fred B. Craddock, Preaching(Nashville: Abingdon, 1985), 49.

뿐이다.

　이것은 매우 정확한 것이다. 즉 설교와 신학은 영구히 결합되어 있다. 설교를 위한 신학이 있다. 그리고 설교에 관한 신학이 있다. 우리가 설교에 관하여 무엇을 생각하느냐가 우리가 설교하는 방법에 크게 영향을 미친다. 설교에 관하여 무엇을 생각하느냐는 설교하는 방법만큼이나 간단하다.

　로빈슨은 40년 동안 학생들에게 설교법을 가르쳐왔다. 그러나 학생들은 설교가 무엇인지를 그로부터 배우기 위하여 주의를 기울여 경청해야만 했다. 명백히 '중심 사상 설교의 아버지' 는 '설교' 가 무엇을 의미하는지에 관한 자기 자신의 개념을 가지고 있고, 그의 저서인 「성경적인 설교(Biblical Preaching)」 그 자체는 설교를 준비하고 전달하는 과정에 관한 것이다.

　우리들이 가까이에서 함께 일했던 12년 동안 나는 로빈슨이 설교하는 것을 수십 번 들었다. 그 기간 동안에 그는 또한 그의 강의를 듣는 나의 두 아들에게 크게 영향을 미쳤다. 나는 로빈슨을 오히려 잘 알 수 있게 되었다고 생각한다. 우리가 함께 지낸 세월을 회고해보면, 나는 로빈슨을 '현실주의자' 로 묘사하고 싶다.

　우리 신학교의 총장이었던 그는 삶에 감정적으로 대응하는 모든 기독교 조직체에 속한 사람들인 '경건한 체하는 사람들' 을 어떻게 다루어야 할지를 확신하지 못했다. 그는 학생들에게 '어떻게 훌륭한 결정을 내릴 것인가?' 를 가르쳤던 사람이었다. 그리고 그가 뉴욕 시에서 성장했던 모습을 회상한다면, 우리는 기꺼이 그를 '세상 물정에 밝은 사람' 이라고 부를 수도 있을 것이다.

　당연하게도 그가 많은 설교자들에게 남긴 유산은 '당신의 사역을 바꾸는 법' 에 관한 책이다. 나는 그가 나의 사역을 바꾸었다는 것을 기꺼이 고백한다. 내가 연설 수업, 해석학, 설교법, 20년 간의 설교라는 경력을 가진 후, 뒤늦게 그는 나의 삶에 영향을 미쳤다. 따라서 그 영향은 근본적으로 정보를 제공하는 것이 아니었다. 나는 그것을 영감을 구하는 것이라고 말하고 싶다. 그러나 그것은 내가 설교하는 일에 관하여 생각했던 방식과 설교를 준비하는 방식을 완전히 바꾸어놓았다. 나 같은 노인이 새로운 방법을 배울 수 있다니!

실제적인 중심 사상

그러나 내가 이 글을 쓰는 목적은 탁월한 설교가를 칭송하는 것 이상의 의미를 지니고 있다. 나는 어떤 주요한 취지를 위해 로빈슨의 접근법을 매우 진지하게 사용해보고 싶은데, 내가 아는 가장 중요한 취지는 그가 주석적인 '중심 사상'을 전개하는 것을 강조한 것으로부터 시작한다.

나는 '성경 자체 안에 중심 사상이 있는가? 설교자는 다양한 구절 속에 있는 모든 중요한 개념들을 초월하는 하나의 중심 사상을 본문에 대해서 선택할 수도 있는가?'라고 묻고 싶었다. 그리고 만일 중심 사상이나 대주제가 존재한다면, 이러한 중심 사상이나 대주제가 우리들이 설교하는 모든 설교 개념의 특징이 되어서는 안 되는가?

다음의 서술문에 내가 말하고자 하는 요지가 있다. '강해 설교의 중심 사상은 개인적인 진실로서 전개되어야만 한다.'

'당위'의 신념은 얼마 전 월터 버그하르트(Walter Burghardt)의 「설교: 예술과 기술(Preaching: The Art and the Craft)」을 읽는 동안에 내게 떠올랐다. 책의 어떤 부분에서 그는 젊었을 때 천주교 신자들에게 한 설교에 대해 회고한다. 그는 "내가 40년 전에 설교하기 시작했을 때, 카톨릭은 명확하고 뚜렷한 개념을 강조하였다. 우리의 신학교 교육은 철학과 신학에 있어서 객관성을 강조한다. 우리들은 진리에 대한 냉철한 탐구자요, 죄와 이단에 대한 냉정한 비평가, 즉 인상을 찌푸리고, 눈이 날카로우며, 고집이 세고, 단호한 턱을 지닌 비평가이다. 상상력은 시인들을 위한 것이었다. 우리는 우리의 감정을 드러내지 않았다. 감정은 여성을 위한 것이었다"[2]라고 적고 있다.

이 글을 읽는 동안에, 나는 내가 신학교를 막 졸업한 젊은 개신교 목사들의 설교를 얼마나 많이 들었고, 그리고 그들이 얼마나 자주 원문에 나오는 어떤 단어나 어떤 통찰력의 의미를 설명하는 경향이 있는가를 회고하였다. 때때로 그들은 또한 어떤 전달의 기술 안에 구속되어지는 것처럼 보였다. 그들이 진리의 말씀을 설교하는 동안에, 그들의 머리 속에 들어 있는 생각들이 자주 그들의 마음속에 있는 열정을 식혀버렸다.

나는 그들의 뇌 속에 있는 이러한 열기가 성도들을 소홀히 하는 설교자들에게는 특별히 심각하다는 것을 발견했다. 30년 이상을 설교한 후에, 그것이 나의 기억에 불을 붙였고 나는 "만일 내가 단지 성도들의 이야기에 보다 많이 귀기울이기만 했었더라도, 나는 사람의 감정에 더욱 빨리 길들여졌을 것이고, 그 결과로 성경 속에 있는 감정에도 쉽게 접근했었을 텐데…"라고 혼잣말을 하였다.

내가 기억하고 있는 젊은 목사들은 거의 로빈슨에게 배운 사람들이 아니었다. 이미지, 이야기, 줄거리에 관한 그의 강조 때문에 나는 감정이 없는 설교는 결코 설교 대가의 방법이 아니었다는 것을 알고 있다.

어떤 설교와 연관되어져 있는 이 문제는 여전히 나의 마음속에 '성경 구절로부터 끌어내어진 중심 사상은 왜 네 가지 방법으로만 전개되어져야 하는가?'라는 의문을 일으켰다. 내가 회고한 바에 의하면 그것은 로빈슨이 이야기한 것이었다. "설교자는 중심 사상을 다시 진술하고, 설명하고, 입증하고 적용할 수 있다. 그것이 전부다."

---

2. Walter J. Burghardt, Preaching: The Art and the Craft, (New York: Paulist, 1987), 34.

진리를 느낀다는 것

이제 내가 신뢰하는 다섯번째 방법을 제안하고 싶다. 우리는 또한 중심 사상을 느낄 수 있다. 그러나 내 이야기를 끝까지 들어보라. 나는 대주제 그 자체와 관계된 특별한 느낌에 관하여 말하려고 한다.

나는 주제별 진리가 중요하다는 것을 확실하게 믿는다. 하나님에 관한 진리가 특히 중요하다. 나는 우리가 하나님에 관하여 잘못된 것을 생각한다면, 머지 않아 우리들은 잘못된 것을 느끼고 또한 행할 것임을 믿는 많은 복음주의적인 기독교인들과 교류하고 있다.

그러나 나는 또한 만일 마음이 냉정하고 의지가 확고하다면, 교리와 주제별 진리가 충분하지 못할 것이라는 것을 믿는다. 우리가 설교하는 진리는 생각되어질 뿐만 아니라, 또한 느껴지고 행하여지는 것이다.

나는 로빈슨이 중심 사상을 전개하는 이 다섯번째 방법을 가정했을 것이라고 생각하나, 그의 저서인 「성경적인 설교(Biblical Preaching)」의 어떤 곳에서도 명백한 주장을 발견할 수가 없었다. 나는 그가 중심 사상의 적용을 강조할 때 느낌의 요소를 발견하는 것이 가능하다고 생각한다. 또한 느낌의 중요성은 저자가 의도한 성경 구절의 의미를 찾아내는 것에 관한 그의 강조 속에 숨겨져 있을지도 모른다. 그러나 나는 '하나님의 가장 중요한 의도가 과연 무엇인가? 하나님은 어떤 방법으로 우리를 통하여 호소하시는가?'를 묻고 싶다.

로빈슨이 말한 바와 같이, 만일 우리가 생각의 흐름에 대하여 설교해야 한다면, 감정의 흐름에 관해서는 어떻게 해야 할까? 인식력 있는 요소나 합리적인 요소를 수반하는 성경의 계시 속에는 주관적인 요소가 없을까? 그리고 대부분의 젊거나 경험이 없는 설교자들도 역시 그 '경건한' 요소를 전개할 필요가 있지 않겠는가?

만일 사람들이 그들의 말을 경청하기를 원한다면, 그들은 성경 구절에 담겨 있는 느낌에 길들여져야 한다. 왜냐하면 설교에서의 중심 사상은 - 만일 그것이 신실하다면 - 항상 개념 이상의 것이기 때문이다.

성경 본문에 담겨 있는 사상은 항상 촉감을 가지고 있다. 유진 피터슨(Eugene Peterson)은 ''의미 구조로 짜여진 이야기들은 그것들 특유의 느낌을 가지고 있다'고 말하고 있다. 우리가 손가락으로 직물을 만질 때, 우리는 직물이 어떤 것에 적합한지를 알 수 있다. 즉 비단은 리본에 적합하고, 무명은 진에 적합하며, 모직은 스웨터에 적합하다는 것을 알 수 있다. 설교에 있어서도 그러하다. "본문이 담고 있는 느낌을 이해하는 것이 본문이 담고 있는 의미를 이해하는 데 필요 불가결하다."[3]

설교의 대가들은 이러한 감각을 발전시켰다. 예일대학의 학생들에게 한 명강에서, 필립스 브룩스(Phillips Brooks)는 이렇게 진술하였다. "우리가 설교하는 대부분은 아픈 사람에게 주는 약에 관하여 강의를 하는 것과 같다. 그 강의는 사실이다. 그리고 재미있다. 그러나 그 강의가 담고 있는 진리가 중요한 것이다. 그래서 만일 아픈 사람이 강의의 진리를 터득할 수만 있다면, 그는 좀더 잘 인내하게 되고, 좀더 확실히 약을 복용하게 되며, 좀더 현명하게 식사를 조절하게 될 수도 있을 것이다. 그러나 강의는 약이 아니라는 것과, 강의를 하는 것이 목사의 의무가 아니라 치료약을 주는 것이 목사의 의무라는 사실이 여전히 남아 있다."[4]

내가 다루는 그 '약'은 하나님의 진리 말씀인 복음이다. 브룩스는 성경적 의미에서의 진리란 단지, 혹은 근본적으로조차도 지성의 산물이 아니라는 것을 명확히 이해했다. 그것은 근본적으로 삼위, 곧 성부, 성자, 성령의 특성이다. 진리에 해당하는 히브리 단어인 Emeth는 '믿을 수 있는' '신실한' 또

---

3. Eugene Peterson, Answering God(San Francisco: HarperCollins, 1989), 11.
4. Phillips Brooks, Lectures on Preaching(London: Griffith, Farran, Okeden & Welsh, 1886), 126.

는 '확실한'을 의미한다. 그리고 우리는 예수님이 '진리를 행하는 것과' '진리인 것'에 관하여 이야기하셨다는 것을 상기해야 한다.[5]

이 시대에 '진리'의 인격적인 의미와 '마음'의 전인적인 의미는 우리들이 '진실한 친구'에 관하여 이야기하거나, 혹은 '서로에게 진실된 부분'에 관하여 이야기할 때마다 영어 문법에 존재한다. 만일 내가 누군가에게 진실하다면, 그것은 그녀 또는 그에 관하여 즐거운 생각들을 마음속에 간직하는 것 이상의 의미를 지니고 있다.

성경으로부터 나온 이러한 작은 사실은 성경적 설교의 의미에 관하여 조명등을 비춘다. 우리는 진리를 근본적으로 마음의 문제로 보는 서구 문화의 가정에 자주 빠진다. 우리는 사람들이 옳은 것들을 생각한다면, 옳은 것들을 느끼고 행하는 것은 당연히 수반되어질 것이라는 것을 가정한다.

그러나 성경은 지성을 감정과 분리하지 않고, 뜻을 길과도 분리하지 않는다. 우리가 성경 속에서 발견하는 특별한 종류의 진리는 우리가 진심으로 기독교 신앙을 받아들일 때 지적인 동의, 감정적인 몰입 그리고 의지적인 서약이 서로에게 완전히 침투한 혼합되어진 진리다. 성경적 진리란 주제들에 관해서뿐만 아니라, 삼위 - 궁극적으로는 하나님 - 에 관한 하나의 기능이다.

이안 피트 왓슨(Ian Pitt Watson)의 이미지를 빌리자면, 성경적인 설교는 보잉 727기를 타고 이륙하는 것과 같다. 높이 날기 위해서 우리는 신앙의 3가지 엔진, 즉 지성, 감정 그리고 의지 모두가 필요하다. 결국, 하나님은 설교자보다 훨씬 더한 전달가이다. 설교자의 말 속에서, 하나님은 자기 자신을 전달하고 계신다. 거룩한 오래 참으심으로, 하나님은 설교단에서의 우리의 서투름과 실수들을 통하여 말씀하시고, 때에 따라서는 그러한 것들을 무

---

5. 요한복음 3장 21절과 요한복음 14장 6절

릅쓰고서라도 - 하나님의 은혜를 힘입어 - 말씀하신다.[6]

대주제

중심 사상의 인격적인 요소를 전개하는 또 다른 이유는 설교자의 설교 개념이 성경 신학의 대주제와 관계되어야만 한다는 사실에 있다.

사도 시대 이후 설교와 예수 그리스도는 밀접한 관련을 맺어왔다. 그분은 우리가 설교하는 메시지 이상이다. 그분은 우리가 설교하는 이유가 되고 모든 우리의 노력의 보답이다. 몇 세기에 걸쳐서 대담하게 다른 사람들에게 설교법을 말하였던 칼빈, 어거스틴, 브룩스와 같은 설교자들은 성경 전체에 황금색과 진홍색이 섞인 실처럼 퍼져 있는 영속적인 주제를 인식하였다. 그것은 '하나님에 관한 지식' '언약' 또는 '구속의 이야기' 라고 말하는 사람들도 있다.

가장 영속적인 어구는 아마도 '하나님의 말씀' 일 것이다. 루터와 같은 목사들, 설교자들, 개혁가들은 이 지배적인 주제가 세 가지 방법으로 우리에게 도달했다는 것을 인식했다. 첫번째는 말씀이 육신이 된 예수 그리스도를 통해서, 두번째는 기록된 성경 말씀을 통해서, 그리고 세번째는 - 하나님의 은혜만큼이나 놀라운 - 설교되어지는 말씀을 통해서이다.

그러나 20세기에 들어서야 비로소 학자들은 대주제를 확인하고 창세기부터 요한계시록까지 그 다양한 가닥의 전개를 추적하여왔다. 이것이 소위 '성경 신학' 이다.

그리고 설교자들은 그들이 브룩스와 같이 일상적인 설교로부터의 해방을 위하여 기도하고 있는 자신을 발견할 때, 그것이 얼마나 필요하였는가! 1세

---

6. Ian Pitt-Watson, A Primer for Preachers(Grand Rapids: Baker, 1986), 99.

기 이전에 브룩스는 청중에게 토요 신문을 사서 몇몇 대도시의 목사들이 주일날 설교할 제목의 목록을 검토해볼 것을 권했었다. 그는 성도들이 얼마나 시시하고 적은 양의 진리를 자신들의 목사들로부터 얻고 있는지를 쉽게 발견할 수 있다고 말했다.

브룩스는 작은 설교단에서 나오는 평범한 설교의 현저한 증거를 거기서 발견할 것이라고 주장했다. "우리의 설교에서 가장 부족한 자질은 넓이다. 나는 신학의 골동품인 영혼의 삶에 관한 부차적인 문제들을 상세히 그리고 정교하게 다루는 것과는 구별되는 활동 영역의 광대성, 위대한 진리에 관해 탁월하게 언급하는 것을 의미하고 있다."[7]

오늘날 대중적이어야 한다는 압력과 매주 설교 준비를 해야 하는 스트레스로 인해, 얼마나 많은 목사들이 성경 구절에서 중요한 개념을 찾아내기 위해 고심하다가, 결국에는 골동품을 할 수 없이 받아들이게 되는가?

우리는 종종 성경적인 설교는 설교하는 동안 내내 성경 본문들을 계속해서 분류하는 것을 의미한다고 생각한다. 그러나 빈번하게 성경을 인용하는 것이 설교가 성경적이라는 것을 증명하는 자료는 아니다. 너무 자주 인용되는 본문은 단지 대주제에 대한 구실일 뿐이다. 우리가 주어진 성경 구절로부터 중요한 중심 사상을 끌어내기 위한 가장 직접적인 방법은 대주제와 성경 구절과의 연결 고리를 찾아내는 것이다.

대주제로부터 나온 설교는 또한 일반적 의미의 '교리'를 설교하는 것 이상이다. 브룩스는 다음과 같이 단언했다. "교리에 관한 설교가 아닌 것은 이제까지 결코 강한 힘을 발휘해본 적이 없다. 영원성만큼이나 심오한 어떤 진리를 배경에 놓지 못한 훌륭한 삶에 대한 권면은 결코 양심을 붙들어서 유지시킬 수 없다. 교리를 설교하라... 그러나 사람들이 그것을 믿음으로써

---

7. Brooks, Lectures, 17.

구원받을 수 있도록 항상 설교하라."⁸

이것이 대주제와 관련된 설교 그리고 인격적인 품격을 지닌 설교가 의도하는 것이다. 여기에 피트 왓슨(Pitt Watson)이 그의 저서인 「설교자를 위한 입문서(Primer for Preachers)」에서 "성경 신학은 설교자에게 속한 것이다"라고 말한 이유가 있다. 그것은 결코 단지 반사적인 것이나 이론적인 것일 수는 없다. 그것은 본래 설교자를 통해서 전해져왔다. 예언자들이 무엇을 했는지에 관하여 생각해보라. 사도들이 사도행전에서 무엇을 하고 있는지를 생각해보라. 그들은 역사적인 구속 사건들의 흐름을 이해하고 결단을 위하여 청중 앞에 그것을 가져온다. 그들은 하나님이 응답을 원하시기 때문에 하나님 앞에 보일 소환장을 발행한다.

내가 설교자들은 성경 구절을 설교할 때 감정들을 숙고하면서 그것들의 중심 사상을 전개해야만 한다는 결론을 내리게 된 것은 바로 진리의 의미와 성경 신학을 이해하고부터이다.

아마 더 이상의 것도 있겠지만, 성도들이 설교자의 개념만큼이나 설교자의 느낌에 대해 귀를 기울인다는 것은 사실이다. 그것은 단지 입으로 나온 단어가 갖는 힘의 일부분일 뿐이다. 그것은 어떤 것을 이해할 수 있게 할 뿐만 아니라 말하는 사람의 인격을 드러나게 한다. 설교자의 어조, 억양 그리고 힘은 숨겨진 영역 속으로 향한 모든 신호들이다. 설교자를 흥분시키거나 우울하게 만드는 것은 무엇이든지, 일반적으로 작지만 의미 심장한 인격의 단면을 드러낸다.

이러한 사실에는 하강 부분이 있다. 이 시대의 많은 사람들은 그들의 내적인 사고 속에 숨겨진 문제들을 가지고 있다. 그들은 '아는 체하거나' 쓸데없이 참견하는 어조를 지닌 연설자들에 대하여 대단히 민감하다. 그들은

---

8. 같은 책, 129.

아주 신속하게 그러한 연설자들을 '중고차 세일즈맨' 이나 혹은 '정치가' 와 같은 부류로 취급해버린다.

오늘날 북미 사람들은 동정과 이해에 귀를 기울이는 경향이 있다. 즉 그들은 자신들이 살고 있는 곳에 '살았던 경험이 있는' 사람들의 말을 열심히 경청한다. 따라서 설교는 강요되거나 날조될 수 없다. 즉 외부로부터 수입될 수가 없다. 설교는 반드시 '나 자신을' 이 되어야 한다.

그러나 만일 내가 설교한다면, 나는 과연 누구인가? 신약 시대 설교를 조심성 있게 연구한다면, 설교자의 임무에 관한 두 가지 중요한 측면을 발견하게 될 것이다. 그 두 가지 측면은 두 개의 단어로 구체화된다. 하나는 메시지이고 다른 하나는 증인이다. 두 가지 예만으로도 충분히 설명될 것이다. 요한은 첫번째 편지에서 "이것은 우리가 예수 그리스도에게 듣고 너희에게 전하는 메시지다"라고 적고 있다. 베드로는 예루살렘 공회 앞에서 답변하는 중에 "우리들이 이 일의 증인이다"라고 말했다.

위의 말을 요약해보자. 결론적으로, 만일 내가 성경적인 설교자라면, 나는 심부름꾼이요 증인이다. 그러므로 나의 감정들은 양쪽 모두를 반영해야만 한다.

큰 위험

내가 이야기하고 있는 것에 큰 위험이 있다는 것을 알고 있다. 느낌은 진리로 이끄는 부서지기 쉽고 약한 안내자이다. 아마도 그것은 진리로 인도하려는 만큼이나 잘못 인도할 수도 있다. 우리는 과거의 설교자들이 어떤 종교적인 체험을 만들기 위하여, 또는 잘못 설명된 주장에 대한 지지를 모으기 위하여 얼마나 자주 감정을 이용해왔는지를 알고 있다. 이러한 종류의 감정의 남용은 수사학이 오늘날 자주 수반하는 부정적인 평판을 초래하였다. 설교에 있어서 자기 멋대로의 감정 표현은 신학적인 실수만큼이나 인기를 얻어왔다.

느껴진 진리만으로 충분하지 않다. 그것은 엄격한 사고에 의하여 보강되어져야 하며, 그리스도인의 행위를 통해서 정당함을 인정받아야 한다. 우리가 설교하는 진리는 느껴질 뿐만 아니라 생각되고 행해지는 진리여야 한다. 그러나 나는 그것이 느껴져야 한다는 것을 여전히 주장한다.

대주제에 의해서 고취되어지는 감정의 핵심에는 하나님의 은혜에 대한 감사가 있다. 천지의 주인이신 하나님이 우리를 그의 영원한 계획 속에 포함시키셨다는 것을 깨달을 때 느끼는 놀라움은 한 무더기의 감정, 또는 조나단 에드워드(Jonathan Edwards)가 일컫는 것처럼 '신앙적인 감정'을 느끼게 하는 것처럼 보인다. 내가 의미하는 것은 하나님의 은혜에서 유래를 찾을 수 있고, 우리의 사고와 행동을 통하여 증명되어질 수 있는 충성, 헌신 그리고 성실 같은 감정들이다.

은혜에서 유래된 느낌의 가장 좋은 실례는 피트 왓슨의 「설교자를 위한 입문서(Primer for Preachers)」에서 찾아볼 수 있다. 그는 책의 마지막 장에서 젊었을 때의 어떤 경험을 회고하였다.

제2차 세계대전 무렵, 이안(Ian)이 약 14세쯤 되었을 때, 그는 춤추는 것을 배워야 한다는 결론에 마지못해 이르렀다. 그는 그렇게 생각하는 것이 마음에 내키지 않았지만, 춤을 잘 추는 친구들이 그가 받지 못하는 사회적인 부가 혜택을 누리는 것을 보았다. 그래서 서투른 춤 솜씨를 공공연하게 드러내기 전에, 그는 그 기술을 비밀리에 그리고 개인적으로 습득하기로 마음먹었다. 그는 「춤 독본」이라는 제목의 책을 샀다. 그 책은 무엇을 해야 하며, 발을 어디에 두어야 하는지를 가르쳐주는 상세한 설명과 정교한 도해들을 담고 있었다. 그는 그 책을 확실히 이해했고 거기에 나와 있는 도해들이 실제로 몸에 배이도록 시간을 보냈다. 그는 베개를 파트너로 삼고 옷장의 거울에 나타나는 움직임을 연구하면서 침실에서 홀로 연습하였다.

그러나 그가 거울 속에서 본 것은 분위기를 돋우는 그런 모습이 아니었다. 그는 책에 적힌 대로 발을 움직였다. 그러나 명확히 어떤 것은 놓치고 있었다. 그는 책에 적힌 것들을 생각하면서 움직였으나 그것이 바른지를 알 수 없었고, 결과적으로 자신의 움직임이 어색하고 품위 없게 보였다.

그러던 어느 날 밤 어떤 파티에서, 그가 겪는 어려움을 알았던 한 친절한 소녀가 "이리 와, 나와 같이 한번 해보자"라고 말했다. 그는 너무 서툴렀고 그녀는 너무 우아했으므로, 자신이 더욱 바보같이 느껴졌다. 그때 이상한 일이 일어났다. 그녀가 지닌 우아함의 일부가 그에게 넘어오는 것처럼 보였고, 그리고 그것을 느끼기 시작했다.

처음으로 그가 책 속에서 배웠던 모든 것이 이해되기 시작했고, 거울 앞에서의 고통스러운 연습조차도 효과가 나타나기 시작했다. 마침내 그의 생각과 느낌과 행동이 일치되어, 그가 의도한 모든 동작이 자연스러워졌다. 그 순간에 그는 일종의 은혜를 경험했는데, 그가 말한 바와 같이 그것은 아름답기까지 했다.[9]

참으로 설교자들은 또 다른 보다 많은 위대한 은혜의 종류를 다루고 있다. 그러나 그것도 역시 생각되어지고, 행해지고, 느껴진 진리가 일치할 때 우리에게 도달한다. 따라서 나는 청교도인들이 설교에 관해서 토론할 때 '마음의 준비'를 대단히 중요하게 여겼다고 생각한다. 내가 알고 있는 청교도 설교집의 가장 훌륭한 모범인 청교도 고전「천로역정(Pilgrim's Progress)」에 관해 생각해보자.

멸망의 도시로부터 천국의 도시까지의 그리스도인의 여행을 다룬 이 작

---

9. Pitt-Watson, Primer, 102-3.

품에서, 번연은 친절이라는 이름을 가진 자의 지시를 따르는 그리스도인을 묘사했다. 그는 여행하는 동안 해석자의 집을 방문한다. 문을 두드려 집주인을 만난 그는 방으로 안내되고, 거기서 그의 여행에 '유익한' 어떤 것을 발견한다.

> 벽에 걸려 있는 예사롭지 않은 사람이 그려져 있는 그림을 보았다. 그의 눈은 하늘을 향해 있었고, 책 가운데 가장 훌륭한 책이 그의 손에 들려 있었으며, 진리의 법이 그의 입술에 쓰여 있었고, 세상은 그의 등 뒤에 있었다. 그는 마치 사람들에게 간청하는 것처럼 서 있었고, 금으로 만든 왕관을 머리에 쓰고 있었다. 해석자는 말했다. "이 그림 속에 있는 사람이 당신이 가려고 하는 곳의 주인으로부터 모든 어려운 여정 길에 안내자가 되는 권한을 부여받은 유일한 사람이기 때문에 당신에게 이 그림을 보여줍니다."

우리는 무엇을 해야만 하는가?

이러한 설교의 이미지보다 앞서서 인격적으로 설교하도록 만드는 것은 무엇인가?

연구를 시작해보자. 설교자들은 성도들이 귀를 기울이고 있는지를 주시하면서, 설교의 중심 사상을 전개하여야 한다. 설교자의 변치 않는 질문은, '성도들이 이와 같은 이야기를 어떻게 들을까' 임에 틀림없다. 기억을 되살려보면, 일찍이 다음과 같이 말했던 사람은 매우 존경받는 신학자인 존 머레이(John Courtney Murray)였다. "당신이 들었던 것을 내가 이해할 때까지, 나는 내가 말했던 것을 알지 못한다." 진실로 성경적인 메시지는 설교자에게 이중의 요구를 한다. 즉 나는 내가 의도한 바를 말해야 한다. 그러나 또한 성도들이 무엇에 귀를 기울이고 있는지를 깨달아야 한다.

둘째로, 만일 설교자가 성도들이 귀를 기울이고 있는 것이 무엇인지를 깨닫고자 한다면, 그는 인간의 경험에서 말씀을 찾아야 한다. 알려진 바와 같이, 성경은 인간의 경험들에 관해 심오한 견해를 드러낸다. 그러나 또한 인생에 관한 주제가 성경 구절을 얼마나 많이 조명할 수 있는지를 우리가 알 수 있겠는가?

예수님은 화가가 그림을 그리는 것처럼 설교를 하셨다. 그림을 잘 그리는 사람은 색분필 조각이나 불에 탄 막대기를 가지고도 우리를 웃기거나, 울리거나, 놀라게 할 사람의 얼굴을 만들어낼 수 있다. 예수님은 이와 같은 방법으로 말을 사용하셨다. 예수님은 자신을 둘러싸고 있는 일반적인 삶, 즉 시장이나 장례식장에서 놀고 있는 아이들, 오래된 옷 위에 천 조각을 바느질하는 것, 혹은 폭풍 속에서 오두막집이 무너지는 것을 다루었고, 그리고 보다 고차원적인 삶에 관해 사람들에게 감동을 주는 이야기들을 만들어내셨다. 이런 예수님을 군중들이 따르는 것은 당연한 일이 아닌가!

성경에 있는 위대한 진리 중의 많은 부분이 우리의 일상적인 경험들 속에서 묘사되어 있다. 설교자가 이러한 두 주제들을 함께 이해할 때, 그는 어느 한 쪽도 왜곡됨이 없이 동시에 두 가지 실체를 볼 수 있는 두 눈의 시각을 갖게 된다. 그것은 성경적인 설교자의 독특한 시각이다.

버그하르트(Burghadt)는 이러한 시각을 "세상에서 구멍을 찾는 것 또는 소리 사이에 있는 공간에 귀를 기울이는 것"으로 기술하였다. "그것은 명확한 것, 피상적인 것, 무의미한 것을 헤치고 저 아래에 있는 현실과 저 너머의 현실로 나아가는 것이다."[10]

셋째로, 설교 속의 감정은 성경 본문의 감정을 반영해야만 한다. 만일 그

---

10. Burghardt, Preaching, 20.

것이 우리의 설교 속에 일어난다면, 우리가 머리(이성)를 준비하는 것과 마찬가지로 감정에 대하여 우리의 마음을 준비해야 한다. 이것은 청교도들로부터 얻은 교훈인데, 그들은 설교자가 그 구절의 개념뿐만 아니라 그것의 감정도 파악할 수 있어야 하고, 그리고 설교자가 설교를 준비하는 데 있어서 그 성경 구절의 진리를 파악하고 있어야 될 뿐만 아니라 그의 마음을 그 구절에 조화시키는 것이 의무라고 믿었다.

누가 이러한 것들을 충족시킬 것인가? 오늘날 예배드리는 사람들이 하나님께서 현대 삶의 냉소적인 멀티미디어의 소음에 관하여 말씀하시는 소리를 어떻게 들을 수 있겠는가? 미국에서 잘 알려진 설교자 중의 한 사람인 프린스턴 신학교의 토마스 롱(Thomas Long)은 텔레비전이 일부 설교를 '소리 전송 단위, 사상(寫象)의 연속적인 표출, 그리고 에피소드적인 이야기'로 격하시켰으나, 이것은 단지 살아 있는 설교에 대한 욕구를 자극시킬 뿐이라고 말한다. "전달의 가장 강력한 형태는 여전히 일어서서 용감하게 진리를 외치는 하나의 인간"[11]이라는 것이 롱의 주장이다.

심화 학습

개념 이해하기
1. 이 장의 주제는 무엇인가?
2. 이장은 주제에 관하여 무엇을 이야기하고 있는가?

---

11. Kenneth L. Woodward, "Heard Any Good Sermons Lately?" Newsweek, March 4, 1996, 50-52.

개념 적용하기

1. 당신 자신의 표현으로 성경 신학의 대주제를 말해보라.
2. 대주제가 모든 설교에 통용되는 것이 가능한가?
3. 설교자는 설교를 듣는 사람들이 근본적으로 교리적인 가르침인 개념을 느끼도록 어떻게 도와주는가?

추천 도서

Adam, Peter. Speaking God's Words: A Practical Theology of Expository Preaching. Downers Grove: InterVarsity, 1998.

Kaiser, Walter C., Jr. Towards an Exegetical Theology: Biblical Exegesis for Preaching and Teaching. Grand Rapids: Baker, 1981.

Pitt - Watson, Ian. A Primer for Preachers. Grand Rapids: Baker, 1986.

Mohler, R. Albert, Jr. "A Theology of Preaching." In Michael Duduit, ed., Handbook of Contemporary Preaching. Nashville, Broadman, 1992, pp. 113-20.

Smalley, Gary, and John Trent. The Language of Love. Colorado Springs: Focus on the Family, 1991.

The Big Idea of Biblical Preaching

빅 아이디어 설교 Ⅲ. 요점을 전달하기

08__ 줄거리에 충실하기

09__ 변화를 위한 설교

10__ 중심 사상을 구상화하기

11__ 철학 vs 방법

도날드 R. 스누키안(Donald R. Snukjian)
캘리포니아 주에 있는 탈봇 신학교에서 설교학을 가르치고 있다. 그는 수년 동안 목회를 하였고 또한 달라스 신학교에서 설교를 가르쳤다. 달라스 신학교에서 신학 석사학위(Th.M.)와 신학 박사학위(Th.D.)를, 로스엔젤레스에 있는 캘리포니아 대학에서 커뮤니케이션을 전공으로 철학 박사학위(Ph. D.)를 받았다.

줄거리에 충실하기
중심 사상 설교의 전개 흐름

도날드 R. 스누키안(Donald R. Snukjian)

명확한 흐름을 전개하는 것

선택된 구절을 연구하고, 저자가 가지고 있는 사상의 개요를 작성하며, 중심 사상을 형성했으므로, 설교자는 청중들을 위해서 메시지를 준비할 준비가 된 것이다. 이 메시지는 성경 저자가 지닌 개념의 전개에 충실하면서, 명확하고 따르기 쉬워야 한다. 메시지의 명확한 흐름을 전개하기 위하여, 설교자는 메시지 속의 서로 다른 곳에서 '연역적'이거나 '귀납적'인 방법들을 반복하여 선택해야 한다. 우선, 이들 두 가지 기본적인 방법들을 정의하고, 그런 다음 그것들이 메시지가 지니고 있는 서로 다른 차원에서 어떻게 작용하고 있는지를 살펴보자. (1) 전체적인 구조 속에서 (2) '개설(preview)' 문장들 속에서 그리고 (3) 개요들 각각의 움직임 속에서.

'연역적' 방법에 있어서 화자는 완전한 개념(주제와 보충 설명)을 진술하고, 설명하고, 증명하거나 혹은 적용한다. 화자는 주장하는 서술문을 만든 후에 문장을 전개한다.

'귀납적' 방법에 있어서 화자는 질문을 한 후, 답변 준비를 위한 계속되는 자료들을 생각한다. 화자는 주제를 제기하지만, 그러나 그 보충 설명은 메시지 속에서 나중까지 드러나지 않는다.

출애굽기 13장 7-22절의 전개

메시지의 서로 다른 차원에서 위의 두 가지 기본적인 접근 방법이 어떻게 반복적으로 나타나고 있는지를 관찰하기 위하여, 출애굽기 13장 17-22절과 4장 1-6절에 관한 개요들로부터 예를 들어보자.

(어떤 메시지에서도 마찬가지로) 출애굽기 13장 17-22절에서의 첫번째 관심사는 사상에 관한 본문 흐름의 윤곽을 잡고 중심 사상을 형성하는 것이다. 출애굽기의 이런 면으로 바로는 항복하였고, 약 3백만 내지 4백만의 이스라엘 백성들이 수백 년 동안 노예 생활을 해왔던 고센 땅을 떠날 준비를 하고 있었다(출 12:37-42). 그들의 목적지는 조상들의 고향인 가나안, '약속의 땅' 이었다. 그들은 일직선으로 북동쪽 방향으로 나 있는 근처의 국제 무역로를 따라감으로써 6일 내지 8일 만에 목적지에 도달할 수 있다. 즉 지중해 해안선을 따라서, 팔레스타인 지방을 통과하여 가나안에 도달할 수 있었다.

그러나 출애굽기 13장 17-18절에 따르면, 그 길이 보다 짧고 빠를지라도 하나님께서는 그들을 이러한 직선 길로 인도하지 않으셨다. 대신에, 홍해의 광야 길로 '돌려' 그의 백성들을 인도하셨다. 본문은 이러한 더 먼 길에 대한 이유를 제시한다. 만일 하나님이 그들을 직선 길로 인도하셨다면, 그들은 결코 목적지를 향하여 나아가지 못했을 것이다. 어떤 군사적인 위협에 직면하여(팔레스타인 사람들로부터 또는 침략지를 따라서 배치된 애굽 군대로부터) 마음을 바꾸고 애굽으로 돌아갔을지도 모른다.

본문은 남쪽으로의 행군이 지니는 두 가지 두드러진 특징을 지적한다. 요셉의 뼈가 들어 있는 관(13:19)과 밤이나 낮이나 그들을 인도할 수 있는 구름(13: 20-22)이다. 매일 장정들이 운반하는 관은 비록 그들이 남쪽을 향하여 나아가고 있을지라도, 그들의 궁극적인 목적지가 가나안이라는 것을 시각적으로 생각나게 해주는 물건이다. 수백 년 전에 이루어진 맹세에 따라(창 50: 24-26) 그들은 하나님이 약속하신 땅에 조상의 뼈를 묻을 것이다. 이러한 특별한 순간에 민족적인 존재로 생겨나 여행의 끝날까지 존재하는 구름은(출 40:36-38) 그들의 인도자가 되고(민 9:15-23), 바로의 군대와(출 14:19-20) 사막의 열(시 105:39, 사 4: 5-6 참조)로부터의 보호자가 되며, 그리고 그들 가운데 계시는 하나님의 명백한 존재의 징표가 된다(출 33:7-10, 민 12: 5, 시 99: 6-7).

개설 형식으로 이러한 개념들을 표현해보면 출애굽기 13장 17-22절에 나타난 사상의 흐름은 다음과 같다.

I. 하나님은 의도적으로 우회길을 사용하여 한 장소에서 다른 장소로 이스라엘 백성들을 이동시키신다.
II. 하나님이 그렇게 인도하신 이유는 이스라엘 백성이 결코 직선 길로 나아가지 않을 것이기 때문이다.
III. 이스라엘 백성들이 미지의 여행을 시작했을 때 하나님은 두 가지 방법으로 그들에게 용기를 주신다.
   A. 하나님은 가지고 계신 선한 목적을 그들에게 생각나게 하는 시각적인 것을 주신다.
   B. 하나님은 그들에게 자신의 존재에 대한 뚜렷한 의식을 심어주신다.

설교자가 이 내용을 반영할 때, 중심 사상은 구체화되기 시작한다. 하나님은 자신의 선한 목적을 계속적으로 생각나게 해주는 것들과 자신의 존재에 대한 뚜렷한 의식을 제공하는 것을 병행하시면서, 이스라엘 백성을 우회 길로 인도하여, 안전하게 하나님이 약속하신 목적지에 도달하게 이끄신다. 이 문장의 초기 부분에 초점을 맞추는 동안, 그리고 어떻게 중심 사상을 최종적이며 기억할 만한 설교 형태로 구성할 것인가를 고려하면서, 설교자는 갑자기 유명한 기하학 원리인 모순된 변이를 생각해낸다. '두 점 사이의 가장 짧은 거리는 지그재그이다.'

설교자는 이제 최종적인 설교 개요를 구성할 준비가 된다. 우리는 이러한 개요를 통해서 '연역'과 '귀납'의 개념들이 어떻게 설교자로 하여금 청중들에게 적절한 성경 자료를 명확하게 제시할 수 있게 하는지를 알 수 있다.

서문
1. 기하학의 기초 단계에서 우리는 '두 점 사이의 가장 짧은 거리는 일직선이다' 라고 배웠다.
2. 그것이 기하학에서는 사실일 수도 있으나, 우리가 하나님께서 우리의 삶 속에서 행하시는 일들을 생각해볼 때, 우리는 하나님께서 '두 점 사이의 가장 짧은 거리는 지그재그이다' 라고 생각하고 계시지 않나 의심해보게 된다.
3. 즉 우리는 하나님께서 우리를 B 지점으로 인도하실 것을 확신하면서 A 지점에 서 있는 우리 자신을 발견한다. 우리는 이 두 점 사이에 짧고 일직선인 길을 마음속에 그릴 수 있다. 그러나 만일 하나님이 실제로 B 지점으로 우리를 인도하신다면 지그재그의 길을 택하실 것이 틀림없다. 이 단계에서 설교자는 어떻게 청중이 이것을 경험하게 될 것인가에 관해 여러 가지 예를 들 것이다. 회사에서 기대했던 승진에서의 탈락, 사업가가 예상했던 기업 성장률의 미달, 결혼에까지 이를 수 있

었던 낭만적인 관계의 소멸 등등. 각각의 예에서 설교자는 일직선 길에서 기대할 수 있는 결과를 반대 방향에서의 하나님의 명백한 활동과 대조할 것이다.
4. 오늘날 나는 여러분이 하나님으로 인해 때때로 두 점 사이의 가장 짧은 거리가 지그재그라는 것을 알기를 원한다(중심 사상에 대한 연역적 설명).
5. (개설) 나는 여러분이 때때로 하나님이 고의적으로 우리를 지그재그 길로 인도하신 다는 것을 알기를 원한다(연역적). 나는 여러분이 하나님께서 이렇게 하시는 이유를 알기를 원한다(귀납적). 또 여러분이 하나님께서 그 방법과 더불어 우리에게 베푸시 는 선한 격려에 대해서 알기를 원한다(귀납적).

   I. 하나님이 때때로 의도적으로 우리를 지그재그 길로 인도하신다는 것을 알기 위해서, 우리는 이스라엘 역사 속에서 하나님이 의도하신 바에 따라서 그들을 지그재그 길로 인도하신 시기를 고찰할 것이다(연역적).
     A. 그들은 A점, 즉 그들이 수백 년 동안 노예 생활을 해왔던 고센 땅에 있다(재앙들과 바로의 항복을 간단하게 검토하라).
     B. 그들의 목적지는 B점, 즉 약속의 땅 가나안이었다.
     C. A점과 B점 사이의 가장 짧은 거리는 지중해 연안을 따라 팔레스타인 지역을 통과하는 일직선의 길이다.
     D. 그러나 우리는 출애굽기 13장 17-18절에서 하나님이 그들을 일직선 길로 인도하지 않으시고, 오히려 반대 방향의 지그재그 길로 인도하셨다는 것을 읽었다(출애굽기 13장 17-18절을 읽으라).
   II. 하나님이 우리를 지그재그 길로 인도하신 이유는 일직선 길 위에 우리를 목적지에 도달하지 못하게 할 무엇인가가 있기 때문이다(연역적).
- A. 만일 이스라엘 백성을 일직선 길을 따라 인도한다면, 그들은 결코 목적지에 도달하지 못할 것이라는 것을 하나님은 알고 계신다(18절을 읽고 설명하라).
- B. 하나님은 그 일직선 길에 우리가 안전하게 하나님이 의도하신 목적지에 도달하는 것을 방해할 무엇인가가 있다는 것을 알고 계신다(설교자는 서문 3에 나타나 있는 예로 돌아갈 수 있다. 서문 3은 하나님이 알고 계시는 있음직한 장애물을 제시하고 있다. 즉 직장에서의 계속되는 승진을 막는 적대적인 간부, 가속화된 사업 확장과 갑작스러운 부(富) 때문에 경험이 없는 가족이 겪을 수 있는 해(害), 그리고 약혼이 지속되기에 앞서 과거의 어떤 감정적인 상처를 치료해야 할 필요성).

III. 우리가 지그재그 길 가운데서 낙담할 수도 있기 때문에 하나님은 우리에게 두 가지 방법으로 용기를 주신다(귀납적).
- A. 하나님은 그의 선한 목적을 계속적으로 생각나게 하는 것들을 주신다(연역적).
    1. 이스라엘 백성이 미지의 길로 나아갈 때, 하나님은 그들에게 최종 목적지를 생각나게 하시기 위하여 관을 사용하신다(19절을 읽고 설명하라).
    2. 우리가 지그재그 길로 가는중에, 하나님은 우리에게 그의 선한 목적을 생각나게 할 방법을 발견하실 것이다(누군가의 단순한 말이 부지불식간에 우리의 B점에 관해 언급하게 되고, 그리고 하나님이 우리의 삶 속에서 여전히 선하게 역사하고 계시는 것을 생각나게 해주는 것이 되는지를 보여주기 위해 이전의 예들로 다시 돌아간다).

B. 하나님은 자신의 존재에 관한 확고한 의식을 우리에게 심어주
　　　신다(연역적).
　　　　1. 이스라엘 백성이 미지의 길로 나아가기 시작했을 때, 구름
　　　　　기둥과 불 기둥이 나타나 여행 기간 동안 그들을 안내하고,
　　　　　보호하며, 함께한다(20-22절을 읽고 설명하라).
　　　　2. 지그재그 길로 가는중에, 우리는 하나님의 인도와 보호 그리
　　　　　고 친밀하심을 경험할 것이다.

　개요를 전개할 때, 설교자는 메시지가 지니는 서로 다른 차원들에서 '연역적' 이거나 '귀납적' 방법을 반복적으로 선택한다. (1) 전체적인 구조 속에서 (2) '개설'의 문장 속에서 (3) 각각의 개요의 전개 속에서.
　첫번째 선택(서문 4)은 전체적인 구조 속에서 연역적인 방법을 사용한 경우이다. 청중의 흥미를 끌고 메시지에 대한 욕구를 진전시키기 위해 고안된 자료를 펼친 후에, 설교자는 중심 사상에 관한 완벽한 서술문을 만든다(서문 4). 메시지의 중심 진리는 초기에 드러난다.
　전체적인 연역 구조의 장점은 중심 사상이 초기에 명확하게 나타난다는 것이다. 청중은 처음부터 하나님이 앞으로 말씀하실 것을 알게 된다.
　전체적인 연역 구조의 단점은 '초기에 모든 흥미를 끌 자료들이 드러난다'는 것이다. 즉 불안, 긴장, 또는 절정을 향한 움직임이 갈수록 줄어들지도 모른다는 것이다. 청중의 주의력이 '거기에 있었다' '그것은 들은 것이다' 라는 반응과 함께 줄어들지도 모른다.
　이러한 잠재적인 약점 때문에 전체적인 연역 구조는 명확히 설명된 중심 사상이 청중으로 하여금 그것에 관하여 즉시 어떤 의문을 품게 만들 때 가장 효과적이다. 이러한 의문점들은 다음과 같다.
　• "저는 방금 목사님이 중요한 진리를 말씀하시는 것을 들었는데, 무슨

뜻인지 전혀 모르겠어요. 무슨 뜻인지 자세히 설명해주실 수 있나요?"
- "저는 방금 목사님이 중요한 진리를 말씀하시는 것을 들었는데, 그것을 조금도 받아들일 수 없어요. 목사님은 그것을 증명할 수 있거나, 혹은 그것이 진실인 이유를 가르쳐줄 수 있나요?"
- "저는 방금 목사님이 중요한 진리를 말씀하시는 것을 들었는데, 그것이 저의 삶과 어떤 관련이 있는지를 모르겠어요. 또 그것을 가지고 무엇을 해야 할지를 모르겠어요. 목사님은 그것이 실제 삶에서 어떻게 나타나야 하는지를 제가 알 수 있도록 예를 들어주실 수 있나요?"

청중이 마음속에 품고 있는 이러한 의문점들이 계속적인 흥분과 긴장을 유발시키거나, 또는 주의를 집중하여 계속적으로 귀를 기울일 수 있게 한다. 청중은 메시지가 일부 의문점들에 답을 줄 것을 기대하면서 마음이 끌리는 상태가 된다.

만일 중심 사상이 청중의 마음속에 메시지에 열중하게 하는 의문점들을 만들어내지 못한다면 전체적인 귀납 구조가 아마 보다 나은 선택이 될 것이다(이것은 야고보서 4장 1-6절의 예에서 설명될 것이다).

위의 개요에서, 중심 사상에 관한 설명은 아마 청중의 마음속에 다음과 같은 의문점을 갖게 할 것이다. "우리가 어딘가에 도달하는데 하나님께서 지그재그 길로 인도하신다는 것이 사실인가? 왜 하나님은 그렇게 하시는가? 왜 더 '능률적인' 방법으로 인도하시지 않는가? 하나님이 나의 삶 속에서 그러한 방법을 사용하시는 것을 어떻게 알 수 있을까? 나는 생각했던 목적지에 도달할 것으로 보이지 않는다. 그러나 여전히 하나님이 나를 위해서 어떤 특별한 B점을 예정하고 계신다는 것을 느낀다. 이것이 내가 처한 특수한 상황과 어떤 연관성이 있는가?"

연역적/귀납적 선택이 이루어지는 개요 속의 두번째 장소는 바로 중심 사상 다음에 오는 '개설' 문장들 속에 있다(서문 5). 개설의 목적은 청중들에게 앞서 있는 것들에 대한 '설명도(圖)'를 주는 것이다. 곧 메시지의 본문에 나타날 주요한 내용이나 움직임, 메시지의 전개에 따라 나타날 주요한 이야기들이다. 개설은 청중이 앞으로 나올 자료를 '조직하는데' 큰 도움이 된다.

위의 예에는 메시지의 3가지 주요한 움직임에 부합하는 3개의 개설 문장(서문 5)이 있다. 첫번째 문장은 연역적이다. 그것은 제일 중요한 내용을 충실히 드러낸다(I). 그 내용은 이미 서문에서 전개되어졌기 때문에, 그것에 관해서는 긴장감이 없다. 본질적으로 개설 문장은 "내가 서문에서 기술한 문장이 사실이라는 것을 성경에서 증명하고자 한다"는 것을 표현하는 것이다.

그러나 두번째와 세번째 개설 문장들은 귀납적으로 진술되어진다. 그것들은 메시지에서 나중에 답변되어질 문제들을 묻고 있다. 그것들은 다음에 올 주요 요지들에 관한 주제를 제기하나, 보충 설명은 드러내지 않는다. 그 문장들은 청중에게 "이러한 문제들에 대한 해답을 발견하기 위하여 메시지에 계속해서 귀를 기울여야만 한다"라고 말한다.

어떤 방법을 전체적인 구조에 사용하느냐에 관계없이, 개설은 연역적/귀납적 요소들의 어떠한 결합도 지닐 수 있다(가능한 예외는 연역적으로만 이루어진 개설 문장들 다음에 나오는 전체적인 귀납 구조이다. 연역적 개설들은 아마도 서문에서 제기된 귀납적 문제에 대한 답변이 될 것이고, 사실상 전체적인 연역 구조를 만들어낼 것이다).

예를 들면, 연역적인 개념 뒤에는 3가지 연역적 개설 문장들이 올 수 있다.

개념 : "당신의 남은 날들을 가치 있게 하기 위해서 당신의 남은 날들을 계수하라" (시 90편).

개설들 : "인생은 짧고 죄로 인하여 곤고하나(90:1-11), 우리의 날을 계수하는 것이 올바른 삶을 사는 동기가 될 것이고(90:12), 결과적으로 올바른

삶은 죄로 인한 고통 대신에 하나님의 은총이 될 것이라는 것을(90:13-17) 성경이 우리에게 가르쳐줄 것이다."

또는 서문에서 중심 사상을 다룬 전체적인 연역적 구조 뒤에는 3개의 귀납적 개설들이 올 수 있다.

개념 : "하나님은 선을 위해서 모든 일을 하신다."

개설들 : "우리는 이것이 뜻하지 않는 것을 알게 될 것이고, 하나님이 의도하시는 것이 '선'이라는 것을 알게 될 것이며, 그리고 하나님이 선을 위해서 모든 일을 하신다는 것을 알게 될 것이다."

마찬가지로, 서문에서 질문으로 시작되는 일반적인 귀납적 구조 다음에는 두 가지의 귀납적 개설들(다음에 나오는 야고보서 4장 1-4절을 보라), 또는 하나는 연역적이고 다른 하나는 귀납적인 개설들이 올 수 있다.

질문 : 우리가 시련을 성공적으로 견디어냈던 때가 언제인지를 어떻게 알 수 있는가?(약 1:12)

개설들 : "우리는 우선적으로 시련이 우리를 성숙하고 온전하게 만들기 위하여 계획된 것임을 알아야 할 것이고, 그 다음에 그것이 일어난 때가 언제인지를 식별하는 방법을 알아야 할 것이다."

우리가 메시지 안의 제3의 장소를 각각의 개요의 전개 속에서 검토함으로써 우리의 선택이 좀더 확실해질 수 있기 때문에, 메시지의 어떤 차원에서의 연역법/귀납법을 선택하는 것이 반드시 또 다른 차원에서 이루어진 선택들을 결정하는 것은 아니다.

각각의 개요를 연역적으로 전개하느냐, 귀납적으로 전개하느냐의 결정은 일반적으로 하위 요지들의 본질에 의해서 결정된다. 만일 하위 요지들이 '목록'이라면, 귀납적 방법이 거의 항상 바람직하다. 만일 하위 요지들이 '진행'이라면 연역적 방법이 최선일 것이다.

동일한 주요 용어들이 각 하위 요지에서 나타날 때, 그리고 하위 요지들의 순서가 논리적으로 바뀔 수 있을 때, 하위 요지들은 하나의 '목록'이 된다.

예를 들어, 출애굽기 13장에 관한 메시지에서 세번째 전개는 하위 요지들이(Ⅲ의 A와 Ⅲ의 B) 목록이기 때문에 귀납적으로 전개되어진다. 설교자는 본질적으로 "하나님이 우리에게 용기를 주시는 두 가지 방법은 무엇인가?"라는 문제를 제기하고(Ⅲ), 하위 요지들은 두 가지 방법을 목록으로 들고 있다. 하위 요지들은 동일한 주요어들을 가지고 있고 ("그분은 우리에게... 을 주시므로 우리에게 용기를 주신다"), 그리고 비록 본문이 그것들을 특정한 순서로 제시하고 있지만, 그것들은 역순서로 되어져 아주 완벽한 상태로 있을 수 있다.

개요 전개가 숫자상의 '목록'을 의미할 때, 설교자는 그 전개를 시작할 때 질문을 던지고, 그 후에 부차적인 하위 요지들에서 완성된 답을 주는 것이 바람직할 것이다. 이러한 귀납법은 만일 설교자가 시작에서 양쪽 모두의 '격려'를 선포한다면, 보다 큰 흥미를 계속해서 유지하게 될 것이다. "우리가 지그재그로 가는 과정중에 낙담할 수도 있기 때문에, 하나님은 그의 선한 의도에 관하여 계속적으로 생각나게 해주는 것들과 자신의 존재에 관한 뚜렷한 의식을 가지고 용기를 주신다"와 같이 말하는 것은 필요 이상의 것을 드러내는 것이고, 펼쳐지고 있는 이야기의 전개를 용두사미로 만드는 것이다.

때때로 전개 과정에 있는 하위 요지들은 '진행'이다. 즉 설화체 이야기로 또는 추론의 연결 고리로 펼쳐지는 결과이다. 그러한 진행 또는 연속되어지는 결과가 발생하고 있다는 단서는 마지막 하위 요지가 보다 넓은 개념으로써 동일한 주요 주장을 포함하고 있는 유일한 하위 요지라는 것이다. 이러한 환경에서, 설교자는 명확성을 위해 그 특별한 과정을 연역적으로 전개할 것을 선택해야만 한다.

예를 들어, 하위 요지들이 이야기의 연속을 통하여 진행되어지고, 보다 광범위한 개념의 주장이 마지막 하위 요지에 이르러서야 나타나기 때문에, 위에서 언급된 메시지의 첫번째 과정(I)을 위해서는 연역적 전개가 더 명확하다. 만일 설교자가 "하나님은 이스라엘 백성을 위하여 무엇을 하시는가?"라고 질문하면서 귀납적으로 그 과정에 접근했었더라면, 처음의 하위 요지들은 질문에 답하고 있는 것처럼 보이지 않았을지도 모르고, 그리고 결국에는 청중이 답을 기다리면서 오랫동안 혼란스러운 상태로 있었을지도 모른다.

두번째 과정은 연역법이 더 바람직한 또 다른 예다. 비록 그 과정이 초기의 긴장을 계속 유지시키기 위하여 귀납적으로 개설되었을지라도(서문 5), 메시지의 실제적인 전개는 연역적으로 이루어진다(II.와 II A). 왜냐하면 펼쳐진 개요 속의 하위 요지들이 논리의 연속, 추론의 연속된 고리이기 때문이고, 그리고 주요 개념의 주장이 마지막 하위 요지에 가서야 비로소 나타나기 때문이다.

I. 하나님이 우리를 지그재그 길로 인도하시는 이유는 일직선 길에 우리가 목적지에 도달하는 것을 방해하는 무엇인가가 있기 때문이다.
  A. 만일 이스라엘 백성을 일직선 길로 인도한다면, 그들이 결코 목적지에 이르지 못할 것이라는 것을 하나님은 알고 계신다.
    1. 국제 무역로는 이집트인의 요새를 지나서 적대적인 팔레스타인 영토를 통과한다.
    2. 그러한 길은 전쟁 상황을 수반할지도 모른다.
    3. 노예였던 이스라엘 백성들은 전쟁 준비가 되어 있지 않다.
    4. 그러한 상황들을 마주치게 된다는 두려움 때문에 이스라엘 백성들은 이집트를 떠난 것을 후회하게 될지도 모른다.
    5. 죽음보다 노예 상태를 더 선호하게 된 이스라엘 백성은 이집트로

되돌아가게 되고, 목적지에 결코 이르지 못하게 될 것이다.

설교자들은 때때로 귀납적으로 '진행'에 접근하는 실수를 저지른다. 그들은 마음속으로 어떤 대답이 나올 것이라는 것을 알면서 질문을 한다. 그러나 그들은 청중이 다음과 같은 내용을 듣고 혼란스럽게 된다는 것을 인식하지 못한다.

II. 왜 하나님은 우리를 지그재그 길로 인도하시는가?
   A. 왜 하나님은 이스라엘 백성을 지그재그 길로 인도하시는가?
     1. 국제적인 무역로는 이집트 요새를 지나 적대적인 팔레스타인 지역을 통과한다.
     2. 그러한 길은 전쟁 상황을 수반할지도 모른다.
     3. 노예였던 이스라엘 백성들은 전쟁 준비가 되어 있지 않다.

얼마 동안 이렇게 전개되어지고 난 후에는 청중은 답변을 귀담아 듣지 않게 되고, 심지어는 문제를 잊어버릴 수도 있다. 전개 과정의 하위 요지들이 계속 또는 진행일 때, 연역법이 더 바람직하다.

야고보서 4장 1-6절의 전개

야고보서 4장 1-6절에 관한 두번째 메시지는 메시지의 다른 차원들에서 이루어진 동일한 연역적/귀납적 선택들의 예증이 된다. 특정한 선택들은 다르지만, 설교자는 흥미와 명확성이라는 동일한 항목들에 의하여 인도된다. 메시지의 개요는 다음과 같다.

서문
1. 대학원 수업 첫 주에, 나는 그 반 학생 중 한 명에게 직접적인 반감을 갖게 되었다. 그 이유는?
2. 동시에, 지방 신문사에서 시간제로 일하는 동안 작년에 친한 동료였던 새로 승진한 젊은 상사를 향하여 잠재되었던 분노를 드러내었다. 그 이유는?
3. 여러분은 요즈음 누구에게 화를 내는가? 그리고 그 이유는?
   a. 가족 가운데, 여러분은 누구와 말다툼을 하며 싸우는가? 그리고 그 이유는 ?
   b. 친척들이 한자리에 모였을 때, 여러분은 누구에게 신경이 쓰이는가? 그 이유는?
   c. 수업중에 여러분을 화나게 하는 학생이나 선생님은 누구인가? 그 이유는?
   d. 여러분이 근무하는 회사에서 여러분은 누구를 싫어하고 되도록 접촉하지 않으려고 노력하는가? 그 이유는?
   e. 여러분이 속한 집단, 예를 들어 후원자 단체, 특별 전문 위원회, 계획 위원회, 운동 동호회, 주일학교 또는 교회에서, 여러분은 누구에게 화를 내거나 짜증을 내는가? 그 이유는?
4. 우리는 무엇 때문에 화내고, 싸우고, 언쟁하고, 누군가의 체면을 깎아내리려고 노력하는가?
5. 우리는 재빠르게 "그들이 여차여차한 일을 했기 때문에 나는 화를 낸다"고 대답한다. 우리는 그들의 어떠한 행동 때문에 그들을 싫어한다(전술한 예들로 돌아가서 불쾌한 행동들을 기술하라).
6. 그러나 우리가 어떤 사람에게 화를 내는 데는 더 예리한 이유가 있는데, 그 이유는 그들에게 있지 않고 우리에게 있다고 성경은

말한다.
7. 우리의 싸움과 언쟁에 대한 이유들은 무엇이며, 우리는 그것에 관하여 무엇을 할 수 있는가? 그 원인이 무엇이며 대책은 무엇인가(주제/문제의 귀납적 제기, 그리고 앞으로 나올 주요한 요지에 관한 귀납적 개설)?
8. 이것들이 야고보가 그의 편지의 네번째 장에서 묻고 대답한 질문이다. 야고보서로 가보자.

I. 우리가 싸우고 언쟁하는 두 가지 이유가 있다(귀납적).
  A. 우리가 싸우고 언쟁하는 첫번째 이유는 우리의 욕구가 거부되었기 때문이다.
    1. 우리는 어떤 것에 대하여 강한 자기 중심적 욕구를 가지고 있는데, 다른 사람들은 우리가 그런 욕구를 갖는 것을 인정하지 않고 방해하거나, 또는 우리 대신에 그 욕구를 채우려 한다.
      a. (야고보서 4장 1-2 상반절에 관해 설명하라.)
      b. (위에 주어진 예들에서 이러한 거부에 대해 설명하라.)
    2. 우리의 반응은 언쟁하고 싸우고 '죽이는 것' 이다. 그들이 불행해지기를 원하거나 말이나 행동으로 그들을 깎아내리기를 시도한다.
  B. 우리가 싸우고 언쟁하는 두번째 이유는 우리의 정당한 욕구에 대하여 하나님을 더 이상 신뢰하지 않고, 오히려 세상의 불법적인 가치 기준과 공격적인 행동들을 채택해왔기 때문이다(연역적).
    1. (야고보서 4장 2 하 - 5절을 읽고 설명하라.)
    2. (이러한 요소들이 초기에 들었던 예들에서 어떻게 작용하고 있는지를 기술하라.)

II. 싸우고 언쟁하는 마음을 치료하는 방법은 하나님이 우리의 삶에 은혜를 내려주신다는 것을 겸허하게 받아들이는 것이다(중심 사상에 관한 연역적 진술).
   A. (잠언 3장 33-35절의 관점에서 야고보서 4장 6절의 의미를 설명하라.)
   B. (초기에 언급되었던 예들에 대하여 이러한 해결책을 적용해보라.)

서문은 해결되어질 문제들에 초점을 맞춤으로써 전체적인 귀납적 구조를 설정하였다(서문 7). 시작할 때 중심 사상을 연역적으로 설명하는 것이 특별한 유익이 없으므로 이러한 귀납법이 청중의 주의를 보다 잘 사로잡을 것이다. 문제에 대한 해답과 최후의 중심 사상은 메시지가 전개됨에 따라 드러날 것이다.

동일한 문제들(서문 7)은 또한 메시지의 주요한 전개 과정을 귀납적으로 개설하는 데 도움이 된다. 즉 자료를 조직화한다.

첫번째 전개 과정(I)은 하위 요지들(IA 1.과 IA 2)이 논리적으로 진행되고 연속된 추론의 연결 고리로 이루어져 있으므로, 이 하위 전개가 연역적으로 이루어지는 것을 주목하라.

메시지는 중심 사상의 연역적 진술로 정점에 이르게 되고(II), 따라서 전체적인 귀납적 구조가 완성된다.

결론

메시지의 이러한 다양한 차원들을 통하여 연역법과 귀납법을 사용함으로써, 설교자는 '이야기의 줄거리에 충실' 할 수 있다. 즉 명확하게 현대의 청중들과 연관되어지면서 성경의 저자에게 충실할 수 있다.

심화 학습

개념 이해하기
1. 이 장의 주제는 무엇인가?
2. 이 장은 주제에 관하여 무엇을 이야기하고 있는가?

개념 적용하기
1. 메시지가 갖는 명확한 흐름의 전개는 얼마나 중요한가? 그 이유는 무엇인가?
2. 연역적으로 이루어진 설교의 특징과 유익은 무엇인가?
3. 귀납적으로 이루어진 설교의 특징과 유익은 무엇인가?

추천 도서

Buttrick, David. Homiletic. Philadelphia: Fortress, 1987.
Cox, James. Preaching. San Francisco: Harper & Row, 1985.
Craddock, Fred B. Overhearing the Gospel. Nashville: Abingdon, 1978.
Lewis, Ralph. Inductive Preaching. Westchester, Ill.: Crossway, 1983.
Lowry, Eugene. The Homiletical Plot. Atlanta: John Knox, 1980.

조셉 M. 스토웰 3세(Joseph M. Stowell III)

시카고에 있는 무디 성경 연구소(Moody Bible Institute)의 소장이다. 스토웰 박사는 무디 연구소에 오기 전에 오하이오 주, 인디애나 주, 미시간 주에서 수년 동안 목회를 하였다. 그는 달라스 신학교에서 신학 석사 학위(Th. M.)를 받았고, 캘리포니아 주에 있는 마스터즈 칼리지에서 1987년에 신학 박사학위(D. D.)를 받았다. 다섯 권의 저서가 있다.

변화를 위한 설교

조셉 M. 스토웰 3세(Joseph M. Stowell III)

변화를 가져오는 설교를 정교하게 만든다는 것은 우리에게 상처 입기 쉽고 노출되어 있는 성도 앞에 서는 것을 요구한다. 성령이 반항하는 심령들에게 사용하는 수술 도구를 우리가 휘두르기 때문에 성도들이 상처를 입기 쉽다. 변화를 위한 설교는 성장 과정중에 버둥거리며 노력하는 불완전한 삶의 표면들을 드러낼 것을 우리에게 요구하기 때문에 '노출되어져' 있다.

정보를 전달할 목적으로 설교하는 것은 예상할 수 있고 위협적이지 않다. 변화를 가져오기 위하여 설교하는 것은 어려운 일이고 위험한 작업이다. 그러나 그것이 설교의 온전한 취지다. 효과적인 설교는 세련된 기술에 의해서가 아니라 하나님의 말씀을 청중들의 삶의 현실과 연결시키는 설교자의 능력에 의해서 평가된다.

설교자와 설교는 재미있고, 즐거움을 주며, 마음을 사로잡고, 호기심을 자아내며, 지적으로 자극하고, 논의의 여지가 있으며, 신학적이고 교리적인 방침들이 인상적으로 가득 차 있고, 그리고 권위적일 수 있다. 그러나 만일 궁극적으로 그 결과가 진리와의 만남으로 인해 변화된 삶이 되지 않는다면, 그것은 하나님이 의도하신 설교가 아니다.

현실적인 설교는 말씀이 지니는 예리한 양면성과 협력하여 작용한다. 그것은 모습을 드러나게 하는 거울처럼 말씀을 높이고, 정화수와 같이 말씀을 흘러넘치게 하며, 그리고 의의 열매를 맺을 준비가 되어 있는 씨처럼 말씀을 사람의 마음속에 들어가게 한다.

우리 중에 위대한 설교자가 되는 사람이 거의 없을지라도, 우리 모두는 효과적일 수 있다. 효과성은 설교의 의도된 결과에 초점을 맞춘다. 하나님 말씀의 최종적인 목적은 우리를 현명하게 또는 신학적으로 빈틈없이 만들 뿐만 아니라 오히려 변화를 가져온다. 그것은 청중들로 하여금 그들의 정신과 마음을 변화시키도록 이끈다. 죄를 회개하도록, 하나님과 다른 사람들과 더 건설적인 관계를 맺도록, 예수 그리스도의 실체를 우리의 삶 속에 점점 더 반영하도록, 그분에 관하여 그리고 그분이 누구신가에 관하여 더 명확하게 생각하도록, 그리고 우리가 누구인지에 관하여 더 명확하게 생각하도록 이끈다.

이러한 종류의 효과성은 설교자의 임무에 대한 적절한 시각을 가짐으로써 시작된다. 설교에 관하여 두 가지 대립하는 시각이 있다. 설교하는 것을 직업으로 보거나, 혹은 우리가 지닌 재능의 목적 지향적인 표현으로서 보는 것. 직업적인 설교자는 "내가 설교를 얼마나 잘 했는가?"를 묻는다. 목적 지향적인 설교자는 "성도들이 어떻게 행하고 있는가?"와 "예수님이 나를 통하여 개인의 변화되는 능력에 얼마나 영향을 미칠 수 있겠는가?"를 묻는다. 직업적인 설교자는 실행에 초점을 맞춘다. 효과적인 설교자는 능력에 초점을 맞춘다.

나는 최근에 담임 목사가 탁월한 전달자로 알려진 교회를 방문했다. 나는 그의 재능에 진심으로 감탄했다. 성도들이 바로 전 주일날의 예배에 관한 증거들을 서로 나누는 주중 예배였다. 한 사람이 일어나서 큰 소리로 "목사님, 당신은 10분 동안 설교 속으로 사라지셨고, 저는 저의 삶 속에 계신 하나님의 음성을 듣기 시작했습니다"라고 외쳤다.

나는 그처럼 설교하기를 원한다.

성도들이 우리의 이름을 알지 못하거나, 우리가 누구인지 기억하지 못한다고 할지라도, 효과적인 설교자의 임무는 성도들의 삶이 성경 말씀을 통하여 살아 계신 하나님과의 만남에 의해서 영향을 받을 때 완료되는 것이다. 제이 젠틴크(Jay Jentink) 목사는 나에게 다음과 같은 편지를 썼다. "나의 가장 큰 기쁨은 하나님이 사람을 변화시키는 것을 보는 것입니다. 하나님의 존재에 대해 무관심한 상태에서 열성적인 헌신자로 변해가는 사람을 바라보는 데에는 도저히 믿기지 않는 무언가가 있습니다. 그것을 깨달으면서 생겨난 기쁨은 그 사람을 향한 하나님의 계획 속에 자리잡고 있는 특권입니다."

설교자의 목적은 유명 인사가 되는 것이 아니라 도관(導管)의 역할을 함으로써 청중과 연결되는 것이다. 그의 재능의 탁월함을 가지고가 아니라 그가 믿는 하나님의 위대함을 가지고 사람들을 감동시키는 것이다.

이것을 성취하기 위하여 효과적인 설교가 갖추어야 할 4가지 원동력이 있다. 놀랍게도, 그 첫번째는 설교와 아무런 관계가 없다. 그것은 우리의 삶과 관련하여 행해지는 설교의 종류와 관계가 있다. 두번째는 연결시킨다는 것과 관련 있는데, 그것은 우리의 메시지를 말씀이 지니고 있는 변화시키려는 의도에 동조시킬 것을 요구한다. 세번째는 효율성과 관련되어지는데, 그 효율성은 우리가 실제 생활의 경험들 속으로 집중하여 적용해 나아갈 것을 요구한다. 네번째의 효율성은 우리가 명확한 적용 기술로 완제품을 포장할 것을 요구한다.

설교자

어떤 직업에 있어서와 마찬가지로, 장인의 예리함과 숙련이 결정적으로 중요하다. 디모데전서 4장 12-13절에서, 바울은 디모데에게 개인적인 특성이 말씀보다 우선되는 것이라고 가르쳤다. 바울이 지적한 바와 같이 말, 행실, 사랑, 믿음과 순수함 속에 나타나는 훌륭한 삶이 청중들의 시선을 사로잡을 것이고, 그들로 하여금 변화를 향한 마음의 문을 열게 할 것이다.

우리의 삶이 우리가 행하는 가장 중요한 설교라는 것이 확실하다. 성도들은 우선적으로 관찰자이고, 그리고 청중인 것이다. 삶이 설교한 것과 모순되는 설교자보다 변화를 위한 설교에 해가 되는 것은 없다. 그러나 성도들이 우리를 바라보고 우리 모습처럼 성장하기를 원할 때, 설교는 그들에게 방법을 알려주는 역할을 하게 된다.

우리가 완벽함에 관하여 논하는 것이 아니라는 것을 밝히는 것이 위안이 될 것이다. 그렇지만 삶의 투쟁 속에서 인증되고, 명확하게 진보에 의해서 특징지워지는 삶이 요구된다. 바울은 다음과 같은 결론을 내린다. "이 모든 일에 전심 전력하여 너의 진보를 모든 사람에게 나타나게 하라 네가 네 자신과 가르침을 삼가 이 일을 계속하라 이것을 행함으로 네 자신과 네게 듣는 자를 구원하리라" (딤전 4:15-16).

본문

변화를 위한 설교에 있어서 두번째 결정적인 요소는 성경 본문이 지니고 있는 생활을 변화시키는 힘에 동조하는 설교를 만들어내는 것이다. 바울은 디모데에게 '읽는 것과 권하는 것과 가르치는 것에 착념할 것'을 가르친다(딤전 4:13). 본문은 설교를 준비하고 설교를 선포하는 것에 스며들어 있어야 한다. 단지 가볍게 또는 애매 모호하게 본문을 다루는 설교는 장기적으로 생활을 변화시키는 것이 될 수 없다. 우리의 힘은 전달자의 솜씨 있는 창조물에 있지 않고, 하나님의 말씀인 진리에 내재되어 있는 힘에 있다.

말씀이 지니고 있는 생활을 변화시키는 힘은 본문의 목적과 흐름이 설교 속에 포함되어질 때 발화하기 시작한다. 우선, 우리가 설교할 때 그것들과 협력하기 위하여 목적들을 고찰해보자.

목적들_____ 권고와 가르침. 바울이 지적하였듯이 '권고와 가르침'은 말씀을 제시하는 데 있어서 결정적으로 중요한 두 가지 목적들이다. 권고는 예수 그리스도 안에서 성숙을 향하여 나아가고자 하는 목표를 가지고 있는 사람의 실제 생활 환경에 성경을 적용하는 것과 관련되어 있다. 반면에, 가르침은 적절한 신학적인 문맥에서 문서적 사실과 성경적 자료를 명확하게 전달하는 것과 관련되어 있다. 효과적인 설교는 가르침 없이 권고만으로 이루어질 수 없고, 또한 권고 없이 가르침만으로 이루어질 수 없다.

우리는 청중이 이 두 가지 전략적 목적에 흥미를 가지고 있는가를 확인하기 위하여 열심히 노력할 필요가 있다. 가르침은 본문이 말하고 있는 것을 청중이 이해하는 데 도움을 준다. 권고는 그들의 삶을 변화시킬 수 있는 방식으로 본문이 그들에게 이야기하고 있다는 것을 이해할 수 있게 한다. 두 개의 원동력이 때때로 융합되어지는 것이 사실이지만, 전반적으로 가르침은 정보와 관련되고 권고는 변화와 관계된다.

가르침과 권고 모두를 우리의 설교 속에서 성공적으로 통합시키기 위해서는 설교 준비가 과학이며 동시에 기술이라는 것을 이해하는 것이 필요하다. 설교의 과학적인 면은 본문의 강해와 관계된다. 그것은 역사적, 문법적, 상황적 그리고 문화적인 연구에 근거를 둔 본문으로부터 정확한 정보를 얻고, 본문에 담겨져 있는 중심 사상을 분리해낸다.

준비의 기술적인 면은 청중이 본문에 내포되어 있는 목적을 그들의 실생활 속에 주입할 수 있게 하는 응용꾸러미로 이러한 정신을 전환시키는 것과 관련되어 있다. 설교 준비가 갖는 과학과 기술의 속성은 서로가 절대적인 협력자라는 것이다. 명확하게 본문에 근거를 둔 적용은 성도들의 마음속에 가장 진실하게 들린다.

불행하게도, 우리들 중 대다수가 과학적인 강해 계획이 실행되어졌을 때 우리의 설교 준비가 거의 완성되었다고 느낀다. 실제로, 우리는 시작했을 뿐이다.

설교를 준비하는 것은 식사를 준비하는 것과 같다. 우리는 조리법을 익혀서, 필요한 재료를 위하여 쇼핑을 하고, 정확한 재료들로 쇼핑백을 가득 채워서는 집으로 가져온다. 그리고 카운터에 재료들을 올려놓는데, 그것으로 절차가 끝난 것이 아니다. 우리는 손님들에게 토마토 캔과 소형 크림을 주며 그들 스스로 스프를 만들라고 요구하지 않는다. 그럼에도 불구하고, 우리가 진리를 삶에 연결시키려는 노력을 전혀 하지 않은 채, 강해의 끝부분에서 메시지를 정보 제공의 형식으로 펼쳐 보일 때, 우리의 설교 대부분에서 이와 같은 일이 발생하는 것이다.

모든 설교 준비자의 도전 과제는 강해 단계로부터 적용 단계로, 설교의 과학적인 작업으로부터 기술적인 면으로 정확하게 변이하도록 하는 것이다. 그러한 변이는 청중의 실생활면에서 중심 사상과 강해의 재료를 다시 설명함으로써 시작된다.

예를 들면, 빌립보서 1장 12절 이하에서 수집된 강해의 요지는 "바울이 큰 어려움 가운데서 그의 개인적인 시각을 이야기한다"라고 볼 수 있을지도 모른다. 이것은 좋은 정보인 반면에, 청중이 메시지를 현재의 생활 환경에 적용시키는 데 도움이 되지 않는다. 그 대신에, 우리는 이러한 정보를 적용 형식으로 진술할 필요가 있다. "우리의 시각이 옳을 때, 우리는 어려운 환경 가운데서도 기쁨을 느낄 수 있습니다"와 같은 표현은 청중들을 끌어들인다. 적용 요지들은 저자의 경험보다는 청중의 경험에 성경 본문의 초점을 맞추면서, 저자보다는 오히려 청중과 관련된 대명사들을 지니고 있다('바울' 대신에 '우리', '그의' 대신에 '우리의').

4가지의 기능적인 목적들. 우리가 권고와 가르침이라는 목적을 설교 속으로 조화시키기 위하여 노력하는 것을 설교의 변화를 위한 기능들과의 의도적인 협력 하에서 하는 것이 중요하다. 디모데후서 3장 16, 17절에서 바울은 하나님의 말씀이 개인들을 변화시키는 데 있어서 효과적이도록 하는 4가지의 부가적인 목적들을 열거하고 있다.

첫번째 원동력은 가르침이다. 이 문맥에서의 가르침은 청중들을 어두운 사단의 체제 속에서 그들의 이전 삶을 지배했던 오래되고 거짓된 시각들에서 생겨난 무지로부터 하나님과, 그들 자신과, 그리고 그들이 살고 있는 세상에 관한 하늘나라의 진리를 이해하는 상태로 변화시킨다.

두번째 목적은 책망이다. 이것은 우리 삶에 있어서 부족함을 드러나게 하는 하나님 말씀의 작용이다. 선포되어진 말씀은 감춰진 죄들과 관계되어야 하고, 영적인 삶 속의 부끄러운 비밀을 드러내야 한다. 하나님의 말씀은 죄를 지었다고 의심받을 만한 교구민들에게 우리가 성경적인 바주카포를 들이댈 필요 없이도 그것을 이룬다. 우리는 명확하고 권위적인 적용을 가지고 원리들을 전달할 필요가 있다. 즉 원리들로부터 기인된 행동이나 명령들 속에 나타나는 성경적 진리의 실생활의 본보기들이다. 하나님의 말씀은 나머지 것들을 해결하신다.

세번째 변화의 원동력은 바르게 함이다. 이것은 우리가 궤도를 벗어나지 않게 하기 위한 하나님 말씀의 조용하고 신중한 자극이다. 책망이 우리의 삶 속에서 고의적으로 저지른 죄를 대립적으로 다루는 반면에, 바르게 함은 우리의 영적인 보행에 더욱 미묘한 영향을 미친다. 그것은 탈선하려고 하는 우리를 억제시킨다.

하나님 말씀의 네번째 기능적인 목적은 우리를 의로 교육하는 능력이다. 부모가 아이들을 바르게 양육하듯이, 성경은 하나님의 의의 기준에 따라 사는 삶을 향하여 성숙해가는 과정을 통해 우리를 양육한다.

이러한 것들이 성경이 지닌 하나님의 목적들이기 때문에, 변화를 위한 말씀의 선포자들은 그들이 설교 준비를 할 때 이들 목적들을 항상 중심에 두어야 할 필요가 있다. 설교를 준비하는 동안 적용을 염두에 둔 설교자는 자신에게 계속해서 다음과 같은 질문을 던진다.

"이 본문에서 특별히 가르칠 만한 요소들이 무엇인가? 이 본문 속에서 책망에 도움이 되는 것은 무엇인가? 이것은 타락한 생활을 어떤 방법으로 바르게 하는가? 이 본문의 배경에서 제기된 의의 기준들은 무엇인가? 내가 어떻게 사람들로 하여금 이러한 변화의 요소들에 건설적인 방법으로 반응하게 할 수 있으며, 또한 반응하는 능력을 키워줄 수 있겠는가?" 우리 자신이 이러한 문제들에 대답하기 시작할 때 청중을 위해서 그 문제들에 대답하기 시작한 것이다.

과정_____ 설교를 성경의 변화를 위한 목적들에 초점을 맞춘 설교자들로서, 우리는 성도들이 그 목적지에 도달할 수 있게 하는 성경적 과정을 통하여 성도들을 지도하지 않고서는 변화된 생활의 결과를 강조하지 못한다는 것에 주의할 필요가 있다. 그러므로 바울은 디모데에게 참을성 있는 가르침에 몰두하라고 말했다(딤후 4:2). 가르침은 변화에 이르는 과정을 통하여 청중을 인도하는 기술이다.

분명히 바울은 경건한 생활의 결과로 이끄는 과정들 속에서 그의 편지를 읽는 사람들을 가르치는 데 전념하였다. 로마서 6장에서 8장은 성화(聖化)에 도달하기 위한 성경적인 과정들을 수록하여 놓았다. 이러한 형식은 바울의 편지에 계속적으로 반영되어졌다. 예를 들면 빌립보서 1장 9-11절에서, 편지를 읽는 사람들이 자신들의 삶 속에서 훌륭한 선택을 하여 열매를 맺고 하나님께 영광을 돌리는 삶을 살 것을 요구하는 대신에, 바울은 우선 과정 속에서 그들을 가르쳤다. 바울은 총명함 속에서 표현되어진 지식의 배경 아래 그들이 풍성한 사랑을 가지기를 기도하였다. 만일 그들이 그러한 3가지 과정을 무사히 통과한다면, 그들은 자동적으로 선한 것을 분별하고, 의의 열매를 맺으며, 자신들의 삶 속에서 예수님께 영광과 찬송을 돌리게 된다.

나는 현재 품질 관리 분야의 고문으로 일하고 있는 은퇴한 한 신사와 대화를 나누었던 적이 있다. 나는 그 당시에 목사였고, 목사의 사역을 품질 관리의 문제로 간주했기 때문에, 상담의 기본 원칙들에 관하여 그에게 질문했었다. 그는 "품질 관리에 있어서 우리는 제품보다는 그 과정에 더 관심이 있습니다. 그 과정이 옳다면 제품은 보장할 수 있습니다"라고 말했다. 이 얼마나 심오한 말인가!

결과 지향적인 권고들은 청중들로 하여금 끝없이 좌절하게 할 것이다. 과정 지향적인 가르침들을 숙련하는 것은 사람들을 성장할 수 있게 하고 또한 그러한 능력을 부여할 것이다. 과정 지향적인 설교자들은 본문을 연구하면서, "이 본문은 그 속에 담겨진 영적인 목표를 성취할 수 있는 방법에 관하여 무엇을 이야기하고 있는가?"라는 질문을 던진다. 가끔은 그 대답을 우리가 설교하는 구절이 지니는 보다 광의의 문맥 속에서 찾을 때가 있다. 또한 그것은 그 책의 광의의 문맥 속에서 발견되어질 때도 있다. 그리고 때로는 동일한 결과를 요구하지만, 그러나 희망하는 목적에 도달하는 방법에 관하여 보다 더 많이 설명하고 있는 성경 속의 유사한 구절들에서 상술되어지기도 한다.

우리의 설교를 본문의 목적들과 과정이라는 변화적인 원동력에 맞추는 것은 필연적으로 변화된 삶을 가져올 것이다. 바울이 디모데에게 말했듯이, 선포된 말씀을 통하여 하나님께서 의도하신 결과는 선한 일들을 행할 수 있는 변화되어진 삶이다(딤후 3: 17).

만일 우리가 효과적인 설교자라고 주장하려면, 우리 청중들의 삶 속에서 그것을 증명해야만 한다.

상황

변화는 설교자의 삶의 질과 성경에 내포되어 있는 목적들과의 명확한 조화에 의존할 뿐만 아니라, 그가 설교하는 상황을 이해하는 것에서 힘을 얻는다. 여기에서 주요한 문제는 설교가 교구민들이 사는 세계와 얼마나 연관성을 가지는가이다.

「포브스」지가 창간 75주년을 기념하면서, '우리들이 좋은 환경에 있을 때, 더 불편해하는 이유는 무엇인가?'라는 주제에 초점을 맞춘 특별한 문제를 다루었다. 이 탐구 문제에 답을 쓸 9명의 작가들, 철학자들, 심리학자들, 시인들이 초대되었다. 댄 래더(Dan Rather)와 함께 전 CBS 기자였으며 레이건과 부시 대통령의 연설문 작성자였던 페기 누난(Peggy Noonan)이 기고자의 한 사람으로서 질문을 받았다. '당신도 울부짖을 것입니다'라는 기사에서, 그녀는 정신적 지주로부터 멀리 떨어져나간 사회 속에서 우리가 직면하게 되는 딜레마의 핵심을 찌르는 우리의 문화에 관한 충격적인 소견을 발표했다. 그녀는 "우리가 행복을 과대 평가하면, 어떤 면에서 우리의 삶도 과대 평가되어진다는 오랜 경험으로부터 나온 지식을 잃어버렸다고 생각한다. 어쨌든 우리는 우리 자신, 우리의 목적, 우리의 의미, 우리의 역할에 관하여 신비감을 상실하였다"라고 적고 있다. 그녀는 계속해서 다음과 같이 말했다.

> 우리의 조상들은 두 개의 세상이 존재한다는 것을 믿었고, 이것을 고독하고, 가난하며, 더럽고, 잔인하며, 순식간에 지나가는 것이라고 이해했다. 우리는 현세에서 행복을 찾기로 기대했던 첫번째 세대이고, 행복에 대한 우리의 추구는 많은 불행의 원인이 되어왔다. 이유: 만일 여러분이 또 다른 보다 고차원적인 세상의 존재를 믿지 않고, 여러분을 둘러싸고 있는 단조로운 물질 세계만을 믿으며, 또한 이것만이 행복에 대한 여러분의 유일한 기회라고 믿고 그것만을 확신한다면, 여러분은 세상이 여러분에게 부(富)에 대한 훌륭한 척도를 제공하지 못할 때 실망하지 않는다. 여러분은 자포자기한다.

페기 누난은 변화를 위한 설교자들에게 강한 흥미를 주는 모델이다. 그녀는 시간을 들여서 그녀가 글을 쓰고 있는 문화 상황을 이해한 후에, 예리한 정확성으로 진리를 가지고 문화의 딜레마에 대처한다.

효과성은 설교자로서 우리가 본문을 넘어서 문화와 성도들의 상황에까지 나아갈 것을 요구한다. 이것은 설교자가 불변하는 하나님의 말씀을 성도들의 현실적인 문제들의 표면에 적용하는 과정에서 중요하다.

모든 성도들은 3가지의 구별되는 상황을 가지고 있다. 개인적, 장소적, 그리고 보편적 상황. 이 세 가지 상황들이 성도들의 태도와 인식과 행동을 형성하기 위하여 서로 겨룬다. 그것들은 모든 설교단에서 정보가 통과되어지는 망을 만들어낸다. 이런 상황들은 별개의 암호와 언어, 문, 창문, 장애물을 가지고 있고, 그리고 다양한 통로들을 성도들의 마음속에 만들어낸다. 로빈슨은 효과적인 강해자는 성경을 강해할 뿐만 아니라 더불어 청중도 강해해야 한다고 적고 있다.

개인적인 상황들_____ 목회자는 설교할 때 다양한 사람들과 관련지어서 선포해야만 한다. 독신자들, 행복한 결혼 생활을 하는 사람들, 불행한 결혼 생활을 하는 사람들, 편친들, 이혼녀들, 미망인들, 홀아비들, 학대받거나 학대한 비밀을 간직한 사람들, 무시무시한 배경을 지닌 사람들, 지나간 세대들을 통해서 행복하고 긍정적인 유산들을 가지고 있는 사람들, 욕망을 채우기 위해서 불법 사건에 연루된 사람들, 사기 행각을 벌이는 사람들, 인생에 회의를 느끼고 하나님에 관한 심층적인 문제를 연구하는 사람들, 성공하고 만족하고 경제적으로 자립한 사람들, 거만한 사람들, 겸허하게 만드는 경험을 겪고 있는 사람들. 사람들을 주의 깊게 관찰하여 성도들 속에서 나타나고 있는 다양한 개인적인 상황들의 목록을 간직하는 것이 도움이 될 것이다.

우리가 이러한 상황들을 적용하고 연관지으려고 노력하기 때문에, 이런 것들에 대한 민감성이 전략적으로 중요하게 된다. 이것은 특히 설교가 낙태, 이혼, 아버지가 되는 것, 어머니가 되는 것, 성공, 부, 실패, 그리고 그와 유사한 것들을 다룰 때 더욱 그렇다. 예를 들면 우리가 낙태에 반대하는 설교를 할 때, 아마도 성도 중에는 낙태의 경험을 가지고 있는 사람들도 있을 것이다. 만일 우리가 그들의 개인적인 상황의 관점에서 신중하게 적용하지 않는다면, 우리는 불필요하게 그들로 하여금 죄책감과 절망감을 느끼게 할 것이다. 그들이 정말로 들을 필요가 있는 것은 하나님이 그들의 생명을 소중히 여기시고, 용서해주시며, 잊어버리시고, 다시 한 번 기회를 주신다는 것이다.

가족에 대해 전반적으로 설교할 때, 우리가 희망과 이해 속에서 그들을 감싸주지 않는다면, 결손 가정의 사람들은 설교를 듣는 내내 고통받을 것이다. 독신자들은 무시당하는 느낌을 받을 것이다. 육아에 관한 설교는 이미 아이들을 키우는 데 실패했다고 느끼거나, 혹은 아이를 잃은 부모에게 특별한 슬픔을 안겨줄 것이다. 적용 과정 중에 성경적인 격려와 시각에 관한 관심이 그들과 공유되어져야만 한다.

만일 마음의 창을 열게 하는 예화들이 신중하게 다루어지지 않는다면, 때때로 그것들은 개인적인 상황들에 거슬릴 것이다. 내가 우리 집 아이들을 할로윈 데이에 데리고 나가는 것에 관하여 사용하는 예화가 있다. 나는 성도 중의 일부가 우리 집 아이들이 '과자를 안 주면 장난칠 테야' 놀이를 하러 갔다는 것을 생각하며 무서움을 느낄 것이라는 것을 깨닫고, 예화를 설명하는 동안 포기한 상태로 있곤 했다. "지금 저는 우리 중 많은 사람이 할로윈 데이에 관하여 어떠한 감정을 가지고 있는지 알고 있기 때문에, 저에게 개인적인 항의를 담은 편지를 보내지 마세요"와 같은 말이다. 그리고 난 후, 나는 축제일에 관한 역사적 탐구를 함으로서 축제일을 망치는 사람들을 어느 정도는 고려하지 않고 설교하곤 했다. 그것은 항상 이해의 웃음을 자아냈고, 내가 계속해서 설명하는 것을 가능하게 했다.

최근에 나는 한 여성도로부터 "저는 목사님이 어떠한 편지도 원치 않는다고 말하신 것을 알고 있고, 또한 축제일의 의미를 탐구하는 사람들을 좋아하지 않는다는 것도 알고 있지만, 그러나 어쨌든지 간에 목사님께 편지를 써야 된다고 느꼈습니다"라는 서두로 시작하는 편지를 받았다. 그녀는 계속해서 어린 시절, 즉 그녀가 사탄을 숭배하는 가정에서 자랐고 해마다 할로윈 데이에 그녀의 가족이 어린이가 희생되는 사탄의 의식에서 어떻게 했는지에 관하여 적었다. 그녀는 "저에게는 할로윈 데이가 장난이 아니고, 오늘날까지 제가 싸우고 있는 끔찍한 기억입니다"고 했다. 당신은 내가 다음에 그 예화를 사용할 때는 그 표현을 달리 할 것이라는 것을 기대할 수 있다.

로빈슨은 설교의 적용 측면에 관하여 탐구하고 있을 때에는, 설교단을 가로질러 앉아서 성경의 본문에 상호 작용하는 교회 내의 다양한 상황의 표본들을 정신적으로 초대한다고 말한다. 그는 이혼녀, 10대 소년 소녀, 나이가 든 회사 설립 위원, 성공한 실업가, 최근에 실직한 개인, 또는 꽤 많은 다른 사람들을 그리면서 그들이 질문하고자 하는 것과 그들이 본문을 어떻게 생각하고 있는지에 대하여 귀를 기울인다. 로빈슨과 같은 전술은 변화를 위한 설교자를 개인적인 상황으로 들어가도록 해서 그의 민감성을 날카롭게 하고, 그것에 따라서 예화와 적용을 조절할 수 있게 한다. 상황에 민감한 설교자는 날마다 성도들과 관계되는 실제 생활 환경을 통해서 그가 적용하고자 하는 정보의 모든 것을 발견한다.

지역적 상황_____ 지역적 상황은 개인적 상황보다 더 넓고, 특히 그 나라의 특정 사회와 지역의 환경적인 영향과 관계가 있다. 이러한 지역적인 상황들은 인종, 계급, 성(性), 정치, 지방의 역사, 그리고 일반적인 도시 환경들을 다룬다.

만일 당신이 미시간 주의 그랜드 래피즈(Grand Rapids)에서 사역한다면, 당신의 지역적 상황은 로스앤젤레스나 혹은 샌디에고의 지역적 상황과는 아주 다를 것이다. 보스톤에서의 사역은 달라스에서의 사역과는 아주 다른 상황을 가지고 있다. 좀 더 자유로운 성도들은 보수적인 상황에서 요구되는 것과는 다른 적용적인 설교의 시각을 요구한다. 좀 더 자유로운 상황에서 변화를 위한 설교의 강조는 의와 죄에 대한 민감성으로 기울 것이지만, 보수적 상황에서의 사역은 동정, 정의, 자유를 다루는 쪽으로 더 집중할 필요가 있을 것이다.

인종적으로 다양한 상황은 다른 인종들을 향한 보다 큰 민감성을 요구할 것이고, 인종 편견이란 장애물에 반대를 외치며, 예수 그리스도와 십자가에 대한 우리 상호 간의 충성이란 통합 요소에 사람들의 주의를 구하는 특별한 적용을 요구할 것이다. 교외 지역과 도시 환경은 설교할 때 다른 적용이 필요하다. 육체 노동자 지역은 정신 노동자 지역과 아주 다르다. 10대들은 나이가 든 베이비 붐 세대들과 파괴꾼들이 했던 것처럼 그들 자신만의 지역 문화를 형성한다. 좋은 목회자는 그가 설교하는 환경을 따라가기 위하여 밤을 지새우며 노력한다.

나는 부목사로 있을 때 가끔 월스트리트 저널을 인용했던 것을 기억한다. 놀랍게도, 교회 직원들을 포함한 우리 성도들 중의 일부가 설교 시간에 잡지를 인용한 것에 대하여 당황스러움을 표시했다. 성도 중에 지적인 직업인은 소수였고, 대부분은 육체 노동자요 농부였다. 그들에게 잡지를 언급하는 것은 그들 상황에 맞지 않는 것이었다. 실제로 그것은 나를 '건방진' 것처럼 보이게 만들었고, 성도들과도 서먹서먹하게 만들었다. 저널을 인용한 것은 지역적 상황에 어긋나는 것이었다.

선교지로 가서 그 지역 언어와 문화 유형들의 상황 안에서 사역하지 않는 선교사를 후원한다는 것을 우리 중 아무도 생각해본 적이 없을 것이다. 마찬가지로, 우리는 성도들의 생활 언어들을 배우고 변화 무쌍한 문화 환경을 배우는 학생이 되는 중요성을 감히 무시하지 못하는데, 이것은 듣는 사람들의 사고 방식, 생활 유형, 반응 구조에 인상적으로 영향을 미쳐왔다.

보편적 상황_____ 개인적 상황과 지역적 상황에서 표현되어진 다양성에 상관없이 보편적인 어떤 상황적인 원동력을 경험하게 된다. 모든 사람들은 탐욕, 증오, 죄, 분노, 편견, 성급함, 욕망, 미루는 버릇, 방종, 그리고 자신의 중요성을 높이고 유지하는 것에 사로잡히는 경향, 또는 자신의 중요성을 상실하지 않으려고 투쟁하는 것, 기타 등등과 씨름한다.

효과적인 설교는 성경의 본문에서 이러한 문제들을 발견하고 설교를 적용하는 초점을 관대함, 용서, 사랑, 봉사 등과 같이 보편적으로 적용할 수 있는 하늘나라 특징들의 성경적 대안에 맞춘다.

효과적인 설교자라면 북아메리카 지역에서는 적어도 우리가 이야기 지향적인 문화 상황 속에 살고 있다는 것을 또한 깨달아야 한다. 문맹이 증가하고 있는 상황에서는 지적인 깊이가 얕아지고, 경험이 표준이 되므로, 사람들은 이야기를 중요한 진리의 전달 수단으로 인식한다. 텔레비전, 영화, 그리고 음악이 이야기와 관련되어 있다. 저녁 뉴스는 이야기의 편집이다. 신문은 활자화된 이야기들이다. 대형 영화들은 한껏 펼쳐진 이야기들이다. 운동 경기조차도 경기 뒤에 감추어진 이야기를 만들어내는 우승한 경기자에 대한 인터뷰로 장식된다.

이러한 모든 것이 설교를 만들고 전달하는 데 있어서 우리로 하여금 효과적인 이야기꾼이 되는 것을 배우도록 압력을 넣는다. 또한 그것은 우리에게 성경 속의 줄거리를 이용할 것을 요구한다. 이야기를 말하는 것은 설교자의 가장 중요한 관련된 상품 중의 하나이다.

예수님이 말씀하실 때 가장 명확한 순간들 중 일부는 그분이 요지를 설명하기 위하여 인상적인 이야기를 말씀하셨던 때이다. 누가복음 15장에서 잃어버린 자를 불쌍히 여기는 것의 중요성에 관하여 오랜 집중력이 필요한 설교를 하시는 대신에, 예수님이 말씀하시고자 하는 요점을 입증하는 3가지의 이야기를 하셨다. 이 이야기들은 오늘날 예수님의 사역에 있어서 두드러진 요소로서 자리잡고 있고, 우리 모두가 잘 아는 이야기가 되었다. 또한 설교자는 설교 시간이 결코 이야기 시간이 되게 해서는 안 되는 반면에, 이야기는 성경의 요지를 설명하고, 명료하게 하며, 이해시키는 데 큰 효과를 발휘한다.

아마도 오늘날 보편적 상황에 관한 가장 중요한 요소는 가치와 관계가 있다. 가치는 우리를 만들고, 조정하며, 우리의 특성을 나타낸다. 미국에서의 가치의 극적인 변화는 효과적인 설교자로 하여금 설교를 전달하는 것이 부적절하게 보이지 않도록 그 변화 속도에 맞추기 위해서 밤을 새울 것을 요구한다. 그것은 그의 성경적인 재료 때문이 아니라 이러한 변화하는 가치들이 성도들에게 널리 미치는 영향 때문이다. 만일 이때 우리가 도움이 되지 못한다면, 우리는 성도들로 하여금 보편적인 문화를 존재하게 하는 규칙들의 소용돌이 속으로 휩쓸려 들어갈 위험에 처하게 할 것이다.

적용을 하려는 설교자는 널리 보급된 문화적 가치들의 효과를 무력화시키는 성경적 가치들을 참고하기 위해서 성경을 본다. 그는 "성도들의 삶에 대단한 영향을 미치는 우리 사회 체제 내의 가치들은 무엇인가?" 그리고 "이에 대한 성경의 다음 가치들은 무엇인가?"라고 질문한다.

예를 들면, 변화를 목적으로 하는 설교는 다음 양자 사이의 긴장 관계에 대해 설교할 준비가 되어 있어야만 한다.

현세주의와 내세의 관점에서 살아가는 것

페기 누난이 옳았다. 우리는 두 개의 세계가 있다는 것을 망각하고, 단지 우리를 둘러싸고 있는 평면적인 물질 세계의 존재만을 믿는 첫번째 세대이다. 그녀가 지적한 것처럼, 그것이 우리를 절망 상태에 이르게 했다.

우리 성도들 가운데 얼마나 많은 사람들이 내세의 시각보다는 현세의 시각에서 그들의 삶, 성공 그리고 재산을 평가하는가? 설교자로서 우리는 성도들로 하여금 현세를 넘어 내세를 보도록 하는 적용을 우리의 메시지에 짜 넣음으로써 성도들의 감정과 마음을 변화시켜 우리의 문화적 가치 체계의 이러한 잘못된 부분을 교정할 필요가 있다.

정신이 우선되는 삶에 반대되는 유물론

우리는 문화에서 영원히 추구할 만한 현저한 가치를 제거한 후에, 삶에서의 성취와 만족을 물질 제도의 관점에서 획득하고, 유지하고, 축적할 수 있는 것에서 찾을 수 있다는 가정 속으로 우리 스스로를 침묵시켜버렸다. 우리는 정직하고 빈틈없는 사업 습관으로 인해, 그리고 하나님의 주권으로 인해, 이 현세에서 많은 것을 얻은 사람들에게 잘못된 죄를 지우지 말아야 한다. 유물론의 실질적 의미는 우리가 얼마나 많이 소유하고 있느냐가 아니라, 무엇이 우리를 소유하고 있느냐이다. 그것은 우리가 무엇을 붙잡고 있느냐가 아니라, 우리가 그것을 얼마나 단단히 붙잡고 있느냐이다. 그것은 우리가 무엇을 가지고 있느냐가 아니라, 우리가 그것을 어떻게 얻었느냐이다. 유물론의 시금석은 우리의 재산이 우리를 거만하게 만드느냐 감사하게 만드느냐, 자신을 충족시키느냐 하나님을 충족시키느냐에 달려 있다.

이러한 세속적인 시대에서, 설교는 사람들에게 이익에 우선하는 경건의 가치를, 재산에 우선하는 믿음의 가치를, 재산의 축적에 우선하는 사람의 가치를 계속해서 지적해야만 한다.

호의적으로 그리고 끈질기게 진리를 수용하는 것에 대응되는 관용

우리의 신이교도 사회에서 잘 알려진 가치가 관용이라는 것은 확실하다. 우리가 절대적인 것이 없다는 상대주의와 진리가 없다는 포스트모더니즘의 일반적 관념에 빠져 있다면, 우리는 어떠한 것에 관해서도 판단할 수 없는 상태에 있게 될 것이다. 아무것도 옳지 않고 아무것도 틀리지 않다. 절대 불변의 것을 말하는 것과 진리를 말씀하시는 진실하신 하나님을 안다라고 주장하는 것은 관용적인 문화에 어긋나는 것이다.

불행하게도, 많은 그리스도인들이 이 널리 퍼진 가치에 영향을 받아서 진리를 구체적으로 적용하거나, 말씀의 권위에 근거하여 거짓된 믿음 체계를

자세히 살피려고 하지 않는다. 그리스도인들은 오늘날 "그것이 나에게는 잘못 되었으나 모든 사람을 위해서 그렇게 말할 수 없다"라고 말함으로써 자신들의 믿음을 분열시키기 쉽다.

자제심에 반대되는 감각주의

우리 사회는 매스미디어에서 끊임 없이 제공되는 공포와 폭력을 통해서 든지, 또는 어떤 상황에서 어느 정도까지 얻어지는 성적인 만족에 의해서 우리의 감각을 자극시키는 것에 높은 가치를 둔다. 그것과 뚜렷하게 대조를 이루는 것이 자제심을 향한 성경적 용기인데, 우리는 내재하시는 성령의 존재를 가지고 우리의 감각들을 자극하고, 우리의 욕구와 정열을 하나님이 사랑하시는 것을 사랑하는 것으로 향하게 하며, 그분의 뜻을 실현하는 데서 우리의 성취감을 찾아야 한다.

하나님을 기쁘시게 하는 데서 즐거움을 발견하는 것과 대조를 이루는 쾌락주의
쾌락주의는 대가에 관계 없이 즐거움을 추구하는 데 전념하기 때문에 감각주의가 타오르도록 부추긴다. 그것은 결과를 경시하고, 죄책감을 없애려고 노력하며, 사람들로 하여금 즐기도록 한다. 하나님은 그의 백성들에게 하나님께 기쁨을 드리는 데서 즐거움을 찾으라고 말씀하신다. 실제로 그것이 우리가 창조되어진 이유이다. 아이가 부모를 기쁘게 하는 데서 가장 큰 즐거움을 발견하는 것과 마찬가지로, 우리도 우리 자신을 즐겁게 하는 것이 아니라 하나님을 위하여 하나님과 다른 사람을 즐겁게 하는 데 우리의 주의를 집중해야 한다. 이것이 즐거움의 진실한 원천이다.

봉사 정신보다는 오히려 자기 중심적임

나르시스는 어느 날 고요한 연못가를 걷다가, 물에 비친 자기 모습을 보고

자기 자신과 사랑에 빠진 신화 속의 인물이다. 그는 자기 자신에게 몰두하여 자신을 다시 보기 위해서 자주 연못으로 갔다. 우리의 문화는 자기 발전, 자기 향상, 자기 완성의 중요성을 부르짖음으로써 자신에 대한 몰두의 불길이 타오르도록 부추기고 있다. 그것은 우리의 문화가 개인적인 권리들, 특권들, 그리고 인정받는 것을 외치도록 만들었던 이전부터 존재해온 '일등을 향하여' 증후군이다.

성경은 봉사라는 성경적 가치를 자기 중심적 세계의 가치들에 대한 방어수단으로 고양시킨다. 예수님을 보면 하나님께 전적으로 자신의 소중한 것을 바치고, 그 다음에 하나님에 대한 우리 사랑의 표현으로서 그 소중한 것을 이웃에게 주는 것이 가장 훌륭한 일임을 알 수 있다(마 22:34-40). 진실한 성취감과 만족감은 자신을 위하여 인생의 모든 것을 쌓아 올리는 데서 오는 것이 아니라, 오히려 자신을 남에게 바치는 데서 온다. 즉 섬김을 받는 데서 오는 것이 아니라 섬김에서 온다.

복종과 공동체 대신에 자치성, 다른 사람에 대한 사랑 대신에 자신만을 위해 소비하는 것, 관대함 대신에 탐욕, 보호와 청지기 직분 대신에 폭력, 기부보다는 소비주의와 같은 다른 가치들은 신앙인들이 살아가기에 어려운 상황을 만들어낸다. 하나님의 말씀을 선포함으로서 삶을 변화시키는 데 몸을 바친 우리 같은 사람들은 성경 본문을 연구할 때 이러한 종류의 가치 충돌에 유의할 필요가 있다.

우리의 임무는 사람들로 하여금 이러한 세속적인 법칙들을 대신할 성경적인 가치들을 알게 하고, 이해하게 하며, 기꺼이 받아들일 수 있게 하는 것이다. 주일마다 성경 속에 내포된 대응 가치들을 계속해서 공표하는 것은 성도들로 하여금 그들의 문화적 상황으로부터 벗어나도록 압박하는 것이어야 한다. 성숙한 신앙인들은 거짓된 가치들을 분별해서 거절하고 진정한 성경적 가치들에 의거해서 살도록 가르침을 받을 필요가 있다.

마음속으로 다음의 문제들을 생각하면서 성경의 각 본문들을 준비할 것을 권한다.
1. 이 본문에서 어떠한 성경적 가치를 배울 것인가?
2. 우리의 문화가 장려하는 대응 가치는 무엇인가?
3. 이 메시지는 어떤 방법으로
   a. 본문의 성경적 가치를 정의하고, 명확히 표현하며, 예증할 것인가?
   b. 대응 가치를 전달할 것인가?
   c. 그리스도인들이 세속적 가치로부터 성경적 가치로 변화하도록 격려할 수 있는가?

명확성

개인적 특질, 성경 본문 그리고 상황을 이해하기 위한 노력은 우리가 삶과 관련되어 있는 명확성을 가지고 우리의 소재를 성도들에게 제공할 것을 요구한다. 우리의 표현이 명확하다고 생각할 때, 사실상 그것이 전혀 명확하지 않을 수도 있다는 것을 발견하는 것은 놀랄 만한 일이다. 내가 들었던 칭찬 중에서 나를 가장 실망시킨 것은 "그러한 설교를 해주셔서 감사합니다. 그것은 참으로 심오했습니다"라는 말이다. 그것은 대개 그 사람이 설교를 이해할 수 없었다는 것을 의미한다.

변화를 위한 메시지를 명확하게 만드는 몇 가지 주요한 요소들이 있다. 우선, 구조적인 요소들(즉 서문, 주요 요지들, 변이, 결론)은 정보 지향적이기보다는 적용 지향적이어야 한다. 이것은 설교의 모든 주요한 요소들이 청중에게 전달되어서 청중과 더불어 메시지의 변화를 위한 포인트를 향하여 나아갈 때 발생한다.

적용 요지들_____ 의심할 것도 없이 명확성의 가장 중요한 측면은 중심 사상을 간결하고, 기억할 만하며, 적용적인 진술 형식으로 표현하는 것이다. 중심 사상에 관한 강해 설교가 "예수님이 섬김을 절대적인 것으로 높이신다"라고 할 수 있는 반면에, 적용적인 설명은 "진정한 그리스도인은 위대함 속으로 내려간다"라고 할 수 있다. 이와 같은 유형의 상호 관계가 우리의 주요 요지들, 변이들, 서문들 그리고 결론들에 반영될 필요가 있다.

"이 요지는 청중에게 어떤 식으로 초점을 맞출 수 있는가?"라는 질문을 하라. 정확하고 예리한 방법으로 문장을 만들라. 멋지게 만들려고 하지 말라. 개념은 그 중요성을 존중하는 방식으로 전달되어질 필요가 있다. 이것을 목표로 열심히 연구하라. 이것이 메시지로 하여금 그 목적을 이루게 하는 기술이다.

적용 예화들_____ 이미 살펴보았듯이 우리는 이야기 지향적인 문화 속에 살고 있기 때문에, 효과적인 설교자는 이야기꾼으로서의 그의 솜씨를 연마해야 한다. 이것은 우리에게 예화의 역할을 생각하게 한다. 가장 훌륭한 예화는 사람들과 관련된 것이다. 주간지, 일상적인 가족 생활, 텔레비전, 영화(적절할 때), 그리고 개인적인 경험들로부터 작성된 예화들은 그것들이 신중하게 그리고 올바른 상황에서 제시된다면 효과적이다. 주일의 조간 신문에서 따온 예화들은 특히 유용하다.

만일 예화들이 가족이나 개인적인 경험으로부터 나온 것이라면, 특별히 그것들이 우리의 삶을 긍정적으로 회고하게 한다면, 우리는 그것들이 정신적인 성공의 비현실적 예들로서 우리를 내세우지 못한다는 것에 주의할 필요가 있다. 때때로 "예수님과 함께 걸을 때 항상 이것이 성공하기를 바랬었는데"와 같이 말하는 권리 포기자는 개인적인 영적 승리에 관하여 말하고 있는 이야기의 전면에 적절할지도 모른다. 우리의 잘못을 공유하는 이야기들이 너무 특별하여 우리에 대한 성도들의 신뢰감을 감퇴시켜서는 안 된다. 모든 우리의 투쟁을 아주 상세하게 이야기할 필요는 없다. 동시에, 성도들이 그들이 투쟁하고 있는 것과 동일한 종류의 문제들과 우리도 투쟁하고 있다는 것을 아는 것이 중요하다.

예화에 관하여 기억해야 하는 가장 중요한 것은, 그것의 초점이 명확하게 우리가 강조하고자 하는 포인트에 맞추어져야 한다는 것이다. 충격을 주는 이야기를 가지고 있다는 것이 중요하기는 하지만, 그러나 만일 그것이 적절한 것이 아니라면, 그것은 단지 우리가 이해시키고자 하는 요지에서 주의를 분산시키는 역할을 할 뿐이다. 또한 비교적 중요하지 않은 요지를 설명하는 데 있어서는, 엄청난 충격을 주는 이야기를 이용하지 않기 위해 노력해야 한다. 예화들은 메시지 속에서 그 순간의 중요도만큼이나 영향력을 지녀야 한다. 만일 당신이 중심 사상보다 덜 중요한 것을 성도들이 기억하면서 집에 가기를 원한다면, 영향력이 있는 예화를 잘못 들면 된다.

훌륭한 예화는 결코 설명할 필요가 없다. 만일 우리가 예화의 끝부분에서 "이것이 의미하는 것은…"이라고 이야기해야만 된다면, 그것은 아마도 훌륭한 예화가 아닐 것이다.

예화를 도와주는 것은 청중이 겪었던 경험의 상황과 일치하는 그림을 보는 듯한 단어와 은유의 사용이다.

적용적인 서문_____ 서문은 본문이 지닌 중심 사상의 전개 속에서 강조되어질 변화를 위한 요지들을 준비할 정도로 정교하게 만들어져야 한다. 적용적으로 시작하는 설교는 메시지가 선포되는 동안에 청중의 마음이 성숙의 단계로 나아가는 발판을 마련할 것이다. 서문은 뚜렷하고, 흥미를 유발하며, 자극적이어야 하고, 앞으로 나올 것에 대한 효과적인 방향을 제공해야만 한다. 청중이 메시지 속으로 당신과 동행하기를 원할 때 그 서문은 효과적이라고 할 수 있다.

적용적인 결론_____ 효과적인 결론은 본문의 중심 사상을 적용적으로 다시 한번 명확하게 표현하고, 주요 요지들을 간단하면서도 기억할 만한 방법으로 포장한다. 효과적이며 적용적인 결론은 청중들이 그들의 삶에서 변화를 위한 결단을 향하여 나아가게 하고, 그들이 다가올 시간 속에서 성경의 본문을 적용할 수 있는 방법을 제시한다.

효과적인 결론은 "순수함이 순례자가 지녀야 할 우선 사항이라는 것을 배웠는데, 이것이 이번 주 여러분의 생각과 삶 속에서 어떠한 영향을 미칠 것인가?"와 같은 문제들을 포함할 수도 있다. 그 시점에서, 청중들이 자신의 행동 계획을 세울 때, 그 질문과 상호 작용하는 기회를 마련해주는 것이 중요하다. "여러분이 내일 아침 일터로 나가기 전에 순수함에 대해 생각해보고, 함께 일하는 사람들을 향한 여러분의 태도를 변화시킬 한 가지 방법을 적어보라"와 같이 이야기함으로써 변화를 위한 반응을 자극할 수 있다. 효과적이며 적용적인 결론은 본문에 내포되어 있는 진리를 요약하고, 청중이 자신들의 삶을 하나님의 의지와 영광에 보다 합당하게 효과적으로 변화시킬 수 있는 적용 계획들을 실천하게 한다.

적용적인 프로그램 짜기_____ 청중의 삶의 변화를 중요시하는 설교자는 성경의 본문이 주는 영향을 확장시키기 위한 프로그램을 모색한다. 회보와 같은 삽입물들은 숙제용의 적용에 초점을 맞출 수 있다. 만일 당신 교회의 주일 예배 형식에 맞다면, 원리들을 재검토하고 개인적인 적용들을 토론하는 데 흥미가 있는 사람들을 위한 설교 후의 특별한 선택 과목은 재미있고 생산적인 상호 작용을 제공할 수 있다.

만일 당신이 주일 저녁 예배를 드리거나 소그룹 모임을 가진다면, 보다 깊게 특별한 적용들을 다루거나 또는 그 주제에 대해서 이야기하는 성경의 다른 부분들을 검토하는데 이러한 시간들을 사용하는 것이 효과적일 수 있다. 평신도 토론 모임이 설교가 그들의 삶 속에서 영향을 미칠 수 있는 방법들을 토론하는 데 효과적일 수 있고, 또한 다른 사람들이 새로운 식견들과 적용들을 찾아내는 데 도움을 준다.

만일 당신이 특별한 주제들 주위에 일련의 설교들을 집중시킨다면, 성도들이 선택된 주제들을 그들의 삶 속에 적용하기를 노력한 결과로서 경험하는 승리들, 그리고 도전들에 초점을 맞추기 위해서 간증들이 예배 의식의 일부로 이용될 수 있다.

설교자는 메시지를 가지고 청중의 지성과 감정을 통하여 그들이 계속해서 변화된 삶으로 나아갈 수 있게 아무리 노력해도 지나치지 않다.

최종적인 견해

가장 강력한 설교는 그것이 발표되기 전 일주일 또는 몇 주일 앞서, 성경의 본문에 있는 원리를 실생활에서 실천하기를 노력하는 설교자의 마음으로부터 만들어지는 것이다. 삶 속에서 만들어지는 설교는 삶의 현실을 생각하게 하고 청중의 삶 속으로 쉽게 전이될 것이다. 단지 설교자의 마음으로만 형성되어지는 설교는 아마도 청중의 마음 정도에만 영향을 미칠 것이다.

변화는 성령의 인도를 받은 본문의 작용이라는 것과 , 바로 성령이 궁극적으로 죄를 깨닫게 하고, 위로를 주며, 상처를 치유하고, 도움을 주며, 용기를 북돋아주고, 동기를 부여하며, 변화시켜주는 분이 사실인 동시에, 우리의 메시지들이 수로의 역할을 한다는 것 또한 사실이다. 우리는 도구를 만들어낸다. 그분은 가능케 하시는 분이다. 우리의 도전 과제는 예수 그리스도의 손 안에서 유용한 도구를 만들어내는 데 최선을 다하는 것이다. 이것이 성공적으로 이루어질 때, 우리는 변화를 위한 설교로부터 만족을 누릴 것이다.

심화 학습

개념 이해하기
1. 이 장의 주제는 무엇인가?
2. 이 장은 주제에 관하여 무엇을 이야기하고 있는가?

개념 적용하기
1. 당신의 설교를 더욱 변화를 위한 설교로 만들기 위해 어떻게 바꾸어야 하는가?
2. 기도는 변화를 위한 설교에 있어서 어떤 역할을 하는가?
3. 당신이 설교하는 청중들의 개인적인 상황들을 나열하라.

추천 도서

Brisco, D. Stuart. Fresh Air in the Pulpit. Grand Rapids: Baker; Leicester: Inter - Varsity Press, 1994.

Larsen, David L. Caring for the Flock. Wheaton: Crossways, 1991.

Larsen, David L. The Evangelism Mandate: Recovering the Centrality of

Gospel Preaching. Wheaton: Crossways, 1992.

Stowell, Joseph M. Shepherding the Church. Chicago: Moody, 1997.

Willhite, Keith. "Stop Preaching in the Dark." Preaching(May - June), pp. 15-16.

10

존 W. 리드(John W. Reed)

달라스 신학교 목회학과의 명예 교수로서 20년이 넘게 설교를 가르쳐왔다. 그는 인디애나 주에 있는 그레이스 신학교에서 신학 석사학위(M. Div.)를, 그리고 오하이오 주립대학에서 커뮤니케이션을 전공으로 철학 박사학위(Ph. D.)를 받았다.

중심 사상을 구상화하기

빼앗기보다는 지원하기

존 W. 리드(John W. Reed)

　내가 로빈슨과 처음 만난 것은 1970년이었는데, 그 때 나는 달라스 신학교의 교수였다. 목사로서 만족스러운 8년과 세다빌(Cedarville) 대학에서 설교법과 커뮤니케이션을 가르치는 데 9년을 보냈으므로, 나는 언제든지 신학교에서 강의할 준비가 되어 있었다. 두 대학의 대학원에서 커뮤니케이션에 관한 연구를 하면서 나는 효과적인 설교를 구성하는 과정을 통해 질문하고자 하는 올바른 문제들을 발견할 수 있다는 것을 깨달았다. 설교법 이론의 모든 체계를 밝히면서, 나는 그러한 문제들을 모두 해결할 수 있었다. 달라스 신학교에서 로빈슨에게 배웠던 세다빌 대학 졸업생들을 통해 나는 로빈슨이 그것들을 발견했다는 것을 확신하게 되었다.

　달라스 신학교에서 강의한 첫 해에, 나는 로빈슨이 참으로 그러한 문제들을 발견했고, 그것들을 가르치는 데 재능이 있다는 것을 알았다. 나의 임무는 로빈슨의 첫번째 강의에 참석했던 학생들의 설교를 평가하는 것이었다. 그들은 정중하게 그의 체계가 어떻게 작용하는지를 설명했다. 그들은 그의 접근법을 이해했고 나에게 가르쳐주었다. 만일 내가 너무 걱정

했더라면, 첫 학기도 버티지 못했을 것이다. 나는 여러 달이 지난 후에야 비로소 그 과정을 완전히 이해하고 설교의 개요를 작성할 수 있었다. 배우는 동안에 하나님의 은혜와 로빈슨의 도움으로 인하여 기뻤다. 이제 그 후 거의 30년이 지났고, 나는 여전히 더 효과적인 설교법을 발견해야만 한다.

로빈슨에 대해 경험한 초창기에, 나는 그가 예화들을 대단히 소중히 여긴다는 것을 발견했다. 그는 규칙적으로 예화들을 모아 정리했다. 설교법을 배우는 모든 학생들은 이러한 훌륭한 기술을 습득해야만 했다. 로빈슨은 "매주마다 적어도 5가지 예화를 모아서 정리해놓을 것"이라는 사려 깊은 충고를 하였다. 여러 해 동안 나는 그렇게 해왔던 학생들 중 여러 명과 대화를 나누었다. 그들의 예화 모음집은 현재 수천 가지의 정선된 이야기들과 인용문들을 담고 있다.

나는 강력한 설교에 대한 간단한 테스트를 제안하고자 한다. 설교자에게 귀를 기울이지 않으려고 노력해보라. 나는 옛날에 귀기울여 들을 수밖에 없이 만드는 목사님을 만난 적이 있다. 가끔씩 흐트러진 마음으로 그의 설교가 아닌 다른 것들에 관하여 생각하려는 목적으로 예배에 참석하곤 했었다. 그러나 그는 곧 나의 주의를 사로잡아서 내가 한눈을 팔지 못하게 만들었다. 비록 내가 다른 방향으로 마음을 돌리려고 노력했지만, 그는 다시 나의 주의를 제자리로 재빨리 돌려놓았다. 내가 이러한 흥미로운 경험에 대한 이유를 분석했을 때, 그 비결이 예화들 - 그의 개념을 뒷받침하는 - 의 훌륭한 선택과 사용에 있었다는 것을 발견했다.

예화의 정의

이러한 점에서 예화란 용어에 의해서 내가 말하고자 한 바를 밝히는 것이 중요하다. The American Heritage Dictionary는 그 단어에 대해서 세 가지 수준의 정의를 내리고 있다. 비록 세번째 정의가 우선은 관련이 없는 것처럼 보이지만, 세 가지 모두 우리가 토론하고자 하는 것과 관련되어 있다. 그 세 가지는 다음과 같다.

1. 예화는 명확하게 하거나 설명하는 행위이다.
2. 예화는 명확하게 하거나 또는 설명하기 위하여 사용되는 소재이다.
3. 예화는 성경의 본문을 명확하게 하거나 꾸미기 위하여 사용되는 시각물일 수 있다(설교를 의미하는 것으로 본문을 생각하라).

첫째로, 예화는 명확하게 하거나 설명하는 행위이다. 그 개념은 '강해'라는 단어와 밀접하게 관련되어 있고 확실하게 강해 설교에 적합하다. 다시 말해서, 예화는 성경 강해의 본질적인 부분이다. 그러나 예화 설교들에 관련된 토론의 부분으로서, 우리는 한 가지 이상의 요소를 첫번째 단계의 정의에 첨가시켜야 한다. 예화 또한 효과적인 적용 수단이라고 할 수 있다. 수정된 제1의 정의는 다음과 같이 말할 수 있다. 예화는 명료하게 하고, 설명하며, 적용하는 행위이다.

둘째로, '예화'란 단어는 명료하게 하거나 설명하기 위하여 사용되는 어떤 소재들을 기술할 수 있다. 또다시 나는 적용을 덧붙이고자 한다. 사실 예화의 선택은 한 번에 이 세 가지 목적 모두를 이룰 수 있다. 적절한 이야기 혹은 사례는 효과적으로 명료하게 할 수 있고, 설명할 수 있으며, 그리고 적용할 수 있다. 여기에 이 세 가지 임무 모두를 수행할 수 있는 예화의 한 예가 있다.

나는 북중미 오하이오 주 농부의 아들이었던 어린 시절에, 시골 시장에 아버지와 같이 하니스 레이싱(마차용 마구를 달고 1인용 2륜 마차를 끄는 경마 - 역주)을 구경하러 갔다. 아버지는 나에게 도박의 해악뿐만 아니라 품종이 좋은 말들이 달리는 것을 보는 즐거움을 가르쳐주었다. 그 말들은 경주마였다. 각 말들은 기수가 앉아 있는 마차를 끌었다. 말들이 달릴 때 그들의 머리가 트랙 주변에 떠다니는 것처럼 보였다. 타원형 트랙 저쪽에서 그들은 통일성과 목적을 지닌 아름다운 그림으로 보였다. 나는 그들이 상을 타기 위하여 경쟁하고 있다는 것을 알았으나, 그것은 동일한 목표를 향하여 나아가는 한 집단의 잊을 수 없는 모습이었다.

때때로 말이 뛰는 것을 중단하곤 했다. 그럴 때 말머리는 높이 솟아오른다. 조화가 명확하게 깨어졌고 그 장면은 보기에 좋지 않았다. 말 한 마리가 걸음을 중단했을 때, 근처의 말들도 자주 걸음을 중단하곤 했다. 평온한 조화의 장면이 무질서의 상태로 변하였다. 종종 말들과 기수들이 부상을 당하는 사고가 발생했다. 비슷한 방법으로 교회의 조화도 각 구성원들이 하나님과 동료 구성원들과 함께 나아가는 걸음을 중단할 때 깨어진다고 할 수 있다. 그들의 반항은 대개 다른 사람들도 그 뒤를 따르게 한다. 결과적으로 무질서만이 남게 된다.

걸음을 중단했던 말이 만일 기수의 지시에 복종한다면 다시 걷기 시작할 수 있다는 것은 위안이 된다. 나아가 회복된 말이 경주에 승리할 수도 있다. 그것은 우리 모두에게 격려가 됨에 틀림없다.

완벽한 예화는 없다. 전술한 예화는 목적의 조화나 통일성에 관한 토론에서 사용될 수 있다. 그것은 명료하게 하고, 설명하거나, 또는 적용하거나, 혹은 동시에 세 가지 모두를 해결하기 위해서 사용될 수도 있다. 서문에서 이 예화의 처음 부분을 사용하고 나중에 메시지에서 회복 부분을 사용하는 것이 효과적일 것이다. 또한 회복의 강조는 결론 부분에 잘 어울릴 것이다. 예화의 사용은 설교에 충분한 순환을 주고 메시지가 완벽하다는 느낌을 준다.

이러한 종류의 예화는 중요한 은유라고 불릴 수 있다. 그것의 존재는 설교하는 동안 계속해서 느껴지고, 하나 이상의 인용문이 중심 사상에 초점을 맞추는 것을 도우면서 예화를 위해 만들어질지도 모른다.

세번째 정의는 예화들이 성경의 본문을 명확하게 하거나, 꾸미기 위하여 사용되는 시각적인 문제라는 것을 단언한다. 명백히 사전적인 정의는 말이나 글로 된 설교의 성경 본문에서 논의되는 의미의 다양한 측면을 보여주기 위해 의도되어진 그림들이나 다른 형태의 그래픽 기술을 염두에 두었다. 설교에서 필요한 예화는 종종 그림을 보는 듯한 서술 또는 이야기의 형태를 취한다. 하나님의 창조는 우리가 머리 속에 그림을 그려볼 수 있는 부분이다. 이것은 다른 말로 '마음의 눈을 이용하는 것'이다.

마음속의 그림들

기독교 심리학자인 프랭크 위천(Frank Wichern)은 고객을 상담할 때 고객이 그에게 거짓말을 하고 있는지 없는지를 알 수 있다고 나에게 말한 적이 있다. 고객이 거짓말을 하고 있을 때 상담자는 그의 머리 속에 관련되어 있는 사건의 그림을 볼 수 없다. 실제로 관련 있는 경험이 있었다면, 사건의 그림이 심리학자의 마음속에 시각적인 화면으로 나타난다.

이러한 창조의 실재성은 내가 대학에서 문학의 구술 과목을 가르쳤던 몇 년 전을 생각나게 한다. 나는 심미적 거리의 개념을 가르치고 있었다. 이 개념은 문학 선집을 소리내어 읽을 때, 낭독자는 자제심을 잃지 않기 위해 감정적인 거리를 유지해야만 한다는 것이다. 낭독자나 연설자가 감정 조절에 실패한다면, 청중에게 미치는 효과는 상실된다.

아이린(Irene)은 그 수업을 듣는 매우 재능 있는 구술 낭독자였다. 그 여학생은 천부적인 능력을 가지고 있었고 매우 뛰어난 학생 중의 하나였다. 그 여학생이 나에게 오더니, 유진 필드(Eugene Field)가 지은 '우울한 소년(Little Boy Blue)'이란 제목의 시를 낭독해야 하는지를 물었다. 그 시는 죽음으로 인해 어린 소년을 잃었던 가족에 관한 짧은 시였다. 부모는 그들의 상실감을 극복할 수 없어서 소년의 방에 있는 어떠한 물건도 치우지 못하게 했다. 그것은 매우 감정적인 작품이었다.

아이린은 "저는 이전에 비슷한 경험을 했기 때문에 제가 감정적인 충격을 다스릴수 있다는 것을 확신하지 못하겠어요"라고 말했다.

나는 그녀만이 결정을 내릴 수 있다고 말했다. 그리고 예행 연습 때 여러 번 큰 소리로 시를 낭독하면, 심미안적인 거리가 실제로 낭독하는 동안에 감정을 다스리는 것을 가능하게 할 수 있다는 것을 그녀에게 설명했다. 아이린은 수업중에 그 작품을 준비해서 읽었다. 그 수업을 수강하는 학생들이 40명이었는데, 이 일이 있었던 날에 대부분 출석했다. 아이린이 그 시를 낭독할 때, 회상과 감정 전이로 일컬어지는 것이 우리의 마음속에 발생하는 현상이 일어났다. 그 수업에 참석한 학생들은 그들의 마음의 화면에서 어떤 영상들을 보았고, 그들 자신의 경험의 장식들로 그 영상들을 덮어버렸다. 이것은 경험을 훨씬 더 친밀하고 강력하게 만들었다.

아이린이 그 시를 낭독할 때, 나는 내 형이 자란 방을 보았다. 그것은 동적인 영상이었는데 강한 수준의 감정적인 영향을 발생시키고 있었다. 그 시가 낭독되는데 약 3분 정도 걸렸다. 아이린이 2/3 정도 낭독하고 있을 즈음, 나의 마음속의 화면이 갑자기 보이지 않게 되었다. 나는 그 영상을 다시 끌어내려고 노력하였으나 허사였다. 아이린은 낭독을 계속했다. 아이린의 목소리와 육체의 반응은 변화가 없었으나 나의 마음속의 화면에는 아무것도 보이지 않았다.

그녀가 시 낭독을 끝마쳤을 때, 나는 학생들 앞에 서서 "시가 낭독되는 동안에 여러분에게 어떤 일이 일어났나요?"라고 물었다.

학생들은 일제히 "그림이 사라졌어요. 화면에는 아무것도 보이지 않게 되었어요"라고 대답했다.

나는 아이린에게 "무슨 일이 일어났었지?"라고 물었다.

그녀는 "교수님께서는 제가 감정적인 시를 낭독하는 동안 자제력을 잃을 수도 있다고 말씀하셨어요. 그러한 상황이 저에게 일어나기 시작했습니다. 그래서 그것을 쫓아버렸습니다"라고 대답했다.

나는 그녀가 쫓아버린 것이 무엇인지를 물었다. 그녀는 알지 못했다. 내가 현재 알고 있는 것은 소위 주관적인 직관상을 사용하는 능력이 우리 모두에게 존재한다는 것이다. 이것은 우리들이 진지하게 예화나 이야기에 관련을 맺을 때 자연적으로 작용하는 내적인 감각 영사기다.[1] 만일 우리가 개인적인 사건에 관하여 거짓말을 한다면, 이러한 낭독자나 연설자의 마음에 일어나는 영사 과정은 작동하지 않는다. 그것은 초기에 언급했던 심리학자가 고객이 그에게 거짓말을 하고 있는지를 어떻게 구별할 수 있는지를 이해하는 데 도움을 준다.

내가 관찰한 결과 주관적 직관상은 또 다른 상황에서는 작동하지 않는다. 만일 내가 제시하고 있는 소재에 관하여 정통하지 못하다면, 그 영상은 나 자신의 마음속에서도 희미한 상태로 있을 것이다. 또한 인용되어진 아이린의 사례에서처럼, 어떤 사람에게는 심미안적 거리의 상실에 대항하는 자기 자신을 보호하는 형태로서 주관적인 직관상의 효과를 '쫓아버리거나' 부정하는 능력이 있는 것처럼 보인다.

만일 우리가 청중의 마음속에 민감한 장면들을 소생시키는 그림을 보는

---

1. Gordon W. Allport, "Eidetic Imagery," British Journal of Psychology 15(October 1924): 99-120; Cynthia R. Gray and Kent Gummerman, "The Enigmatic Eidetic Image: A Critical Examination of Methods, Data, and Theories," Psychological Bulletin 82, no. 3(1975), 383-407.

듯한 서술들을 표현하는 관점에서 생각한다면, 그것은 우리가 설교하는 데 큰 도움이 될 수 있다. 만일 내가 관련시켜서 설명하는 예화에 집중한다면, 나의 머리 속에서 그것을 보아야 한다는 것이 중요한 문제인 것처럼 보인다. 청중에게 예화를 전달하는 데 있어서 가장 중요한 요소는 집중이다. 그러나 집중이라는 것은 어떠한 기술을 습득하는 데 있어서 일차적인 요소이다. 나는 어린 손자에게 어떤 것에 관하여 생각할 때 손자 아이가 생각하고 있는 것에 관하여 생각해보라고 말함으로써 학교 숙제하는 것에 도움을 주었다. 그것이 바로 집중이다.

요컨대, 예화는 개념을 명확하게 하고, 설명하고 적용하기 위하여 강해 설교에서 이용된다. 가장 강력한 예화의 형태는 제시되고 있는 개념을 표현하거나, 그것이 청중의 마음속에 아주 생생하게 나타나게 만드는 그림을 보는 듯한 서술이다. 우리는 이 예화가 "그들의 머리 속에 그림이 떠오르게 만드는가? 그것이 중심 사상을 입증하는 올바른 그림인가?"라는 간단한 질문을 함으로써, 우리가 사용하고자 하는 예화를 검토해야만 한다.

설득을 위한 유용한 수단

강해 설교에서 절대적으로 중요한 동적인 그림을 보는 듯한 서술들의 실체를 확실하게 하기 위해서, 나는 2000년 동안의 수사학 역사에서 전개되어 졌던 인상적인 증거를 내세웠다. 나는 대학원에서 고전주의 수사학을 전공했다. 나는 강해 설교 중심에 설교를 통하여 권고받은 것들로 청중이 그들의 태도, 신념, 행동을 바꿀 것을 설득하고자 하는 명백한 욕구가 있다는 것을 발견했다.

전달 이론은 설득의 세 가지 중요한 수단을 인정한다. 이 세 가지는 윤리적, 감정적, 논리적 호소이다. 윤리적 호소는 설교 시간에 설교하는 사람에게 그 근원이 있다. 아리스토텔레스는 그의 저서인「수사학」에서, '사람들은 인격이 훌륭하고, 업적이 많으며, 청중에 대해서 사랑을 드러내는 연설자를 신뢰하는 경향이 있다'고 말했다. 인격은 설득력의 기초이다. 윤리적 호소는 설득을 위한 가장 강력한 수단이다. 설교자의 삶에서의 도덕적 실패의 예들은 인격이 사라질 때 설득력 있는 호소는 효력이 없다는 것을 증명하고 있다.

설득을 위한 두번째로 가장 효과적인 수단은 감정적인 호소이다. 감정적인 호소를 전개하는 데는 두 가지 중요한 측면이 있다. 첫째로, 감정적인 호소는 선포되고 있는 설교에 대하여 순수한 신념과 열정을 불태우는 설교자에 의해서 전개된다. 감정적인 호소를 전개하는 다른 중요한 수단은 예화들을 선택하고 이용하는 것이다. 효과적으로 감정적인 호소를 하기 위해서 설교자는 감정을 불러일으키는 경험에 관한 이야기들을 재현해야만 한다. 즉 동적인 이야기를 말한다는 것은 사람들을 의도된 반응으로 움직이게 하는 데 강력한 효과를 발휘할 수 있다.

우리 가운데 대다수는 사람들이 감정적인 결정이 아니라 논리적인 결정을 내리기를 원한다고 말함으로써 이러한 사실을 거부하려고 할 것이다. 그에 대한 나의 대답은 우리들 대부분이 이러한 중요한 훈련에 대단히 서툴러서, 사람들로 하여금 감정적인 결정을 내리도록 강요하지 않는다는 것이다.

사실, 이야기가 없는 설교들은 대단히 지루해서 사람들은 대개 우리가 설교하는 동안에 다른 것에 관하여 생각하게 된다. 우리의 실제적인 문제점은 우리가 효과적인 전달자가 될 정도로 충분하게 감정적인 증거를 잘 이해하지 못한다는 것이다. 내가 지난 50년 동안 들어왔던 효과적인 성경 강해자들에 관하여 생각해볼 때, 그들 대부분은 위대한 이야기꾼이었다(나는 곧 이것에 관해 좀 더 이야기해야만 할 것이다).

설득을 위한 세번째 수단은 매우 중요하지만 윤리적 호소나 감정적 호소보다 훨씬 더 서투르다. 논리적인 호소는 설교자가 설교 속에 제시된 주장들을 입증하는 증거를 발견하고, 이러한 증거를 근거로 효과적으로 설득할 것을 필요로 한다. 성경 강해자에게 있어서 성경은 증거의 주요한 수단이다. 이러한 사실은 단지 성경 강해의 중요성을 충분히 입증해줄 뿐이다. 그러나 그것은 또한 성경 연구와 더불어 이야기를 하는 훈련을 강조하지 못하는 신학교 교육은 근본적으로 부적절하다고 비난한다.

예화를 선택하는 데 있어서 중요한 요소들

내가 예화를 선택하고 이용하는 것에 관하여 전부를 말한다는 것은 불가능하므로, 내 자신이 가장 중요하다고 생각하는 그러한 요소들만을 제한적으로 말하고자 한다. 나는 예화의 위대한 대가인 무디(D. L. Moody)의 예들을 선택했다. 나는 그 예들이 우리 세대의 설교하는 모두에게 그를 훌륭한 멘토로 만들어주었다고 생각한다.[2] 그의 예화들의 일화적이고 개인에 관심을 둔 본질에 주목하라.

I. 효과적인 예화는 구체적인 예들을 사용한다 _____ 구체화하라. 이것은 또한 구체적인 사례 또는 사례 연구 기법이라고 부를 수

---

2. John W. Reed, ed., 1100 Illustrations from the Writings of D. L. Moody(Grand Rapids: Baker, 1996); idem, ed., Moody's Bible Characters Come Alive (Grand Rapids; Baker, 1997).

도 있다. 이것은 모든 훌륭한 예화들에 본질적으로 필요한 것이다. 로날드 리건(Ronald Reagan)은 이러한 원리를 이해했다. 어린아이 같은 신앙을 묘사할 때, 무디는 다음의 예화를 선택했다.

"허드슨 강가에 집을 가지고, 뉴욕 시에 살고 있는 한 남자가 있었다. 그의 딸과 딸의 가족은 겨울을 보내러 그에게 왔다. 그런데 그 해 겨울에 성홍열이란 유행병이 돌았다. 어린 손녀가 격리되어 식구들과 떨어져 지내게 되었다. 아침마다 할아버지는 손녀에게 가서는 '다녀올게' 라고 인사를 했다.

그러던 어느 날, 손녀가 한 마디 말도 없이 할아버지의 손을 잡고 방 구석으로 이끌고 가서는, 작은 과자들로 '할아버지, 그림 도구 상자를 구해주세요' 라고 배열해놓은 바닥을 가리켰다.

그는 아무 말도 하지 않았다. 집에 돌아오자마자, 그는 외투를 평소처럼 벗어 걸고는 아이의 방으로 갔다. 어린 손녀는 자기 소원이 이루어졌는지를 확인하지도 않은 채, 그를 아침에 끌고 갔던 그 구석으로 데리고 갔다. 거기에는 동일한 방법으로, '할아버지, 그림 도구 상자를 구해주신 것에 감사드려요' 라고 쓰여 있었다. 할아버지는 절대로 그 아이를 기쁘게 하는 기회를 놓쳐본 적이 없었다. 그것은 그 손녀에게 있어서 신앙이었다."

II. 효과적인 예화는 위기를 해결하는 실존 인물에 대해 관심을 끄는 이야기들을 사용한다_____

문제를 해결하는 실존 인물에 관하여 말하라. 하나님 안에서 올바른 일을 행하는 사람들에 관한 이야기들을 말해보라. 부정적인 예들에 관해서 두려워하지 말라. 긍정적인 것이 지배하게 하라. 다음의 예화는 전성기의 무디를 보여준다.

"가장 위대한 스코틀랜드 출신의 목사 중 하나인 윌리 아노트(Willie Arnot) 박사는 어렸을 때 어머니를 여의었다. 아노트 가족은 대가족이었다. 그들 모두는 어머니의 다정함과 사랑을 그리워하였다. 반대로 아버지는 너무 엄격하고 완고하며, 그리고 대단히 많은 계율과 규칙들을 정해놓았다고 생각했다. 아이들은 결코 나무에 올라가서는 안 된다는 것도 하나의 규칙이었다.

이웃에 사는 아이들이 아노트 가의 아이들은 결코 나무에 올라가서는 안 된다는 것을 알았을 때, 그 아이들은 나무에 올라가는 것은 소년이 경험할 수 있는 최고의 일이라고 으스댔다. 아이들은 아노트 가의 아이들에게 나무 꼭대기에서 볼 수 있는 신기한 광경들에 관하여 이야기해주었다. 자, 나무에 올라가서는 안 된다고 소년들에게 말해보라. 그러면 그 소년은 어떻게 해서든지 그 나무에 올라갈 것이다. 아노트 가의 아이들은 아버지에게 나무에 올라가게 해달라고 졸랐다. 그러나 아버지는 항상 '안 돼'라고 대답했다.

어느 날 아버지가 신문을 읽고 있을 때, '아버지가 신문을 보고 계셔. 몰래 나가서 나무에 올라가자'라고 형이 말했다. 윌리는 돌담 뒤에 서서 아버지가 그들의 행동을 알아채지 못하도록 망을 보았다. 형이 첫번째 가지 뒤에서 일어섰을 때, 윌리가 '형, 뭐가 보여?'라고 물었다. '글쎄, 아무것도 안 보이는데.' '그러면 좀 더 높이 올라가봐. 형은 높이 올라가지 못했어.' 그래서 형은 보다 높은 곳으로 올라갔고, 윌리가 다시 '이제는 무엇이 보이지?'라고 물었다. '아무것도 안 보여.' '아직도 높이 올라가지 않았나봐. 좀 더 높이 올라가봐.'

그래서 형은 올라갈 수 있을 만큼 높이 올라갔으나, 그만 미끄러져 떨어지는 바람에 다리가 부러지고 말았다. 윌리가 형을 집으로 데려가려고 했으나 그렇게 할 수가 없었다. 그는 아버지에게 그 사건에 관한 자초 지종을 말해야만 했다. 그리고 형이 정신을 잃고 거의 실신 상태에 있다고 말해야만 했다. 그는 아버지가 몹시 화를 낼 것이라고 생각하며 집에 가서 모든 것을 고백했다. 그런데 아버지가 그를 깜짝 놀라게 했다. 아버지는 보던 신문을 옆으로 던지고는 나무로 달려갔다. 도착하자마자 상처 입은 형을 안아서는 집으로 데리고 왔다. 그리고는 의사를 불러왔다. 윌리는 '아버지가 어머니처럼 보였다' 고 말했다. 윌리는 아버지에 대해 새로운 시각을 갖게 되었다. 그는 아버지가 그처럼 엄격한 이유를 알게 되었다. 규칙들은 그들을 보호하고 지도하기 위한 것이었다."

III. 효과적인 예화는 사람을 감정적으로 자극한다

인간적이 되라. 이것이 감정적인 호소의 핵심이다. 무디는 이것에 아주 능숙했다. 여기서 예를 들어보자.

"시카고에서 한 어린이가 죽어가고 있었는데, 아이의 부모들은 불신자여서 하나님이란 단어조차 아이에게 가르쳐본 적이 없었다. 그 아이는 눈을 뜨고 손을 들어, '줄리아가 가고 있습니다, 하나님' 이라고 말했다. 이 어린아이를 영접하시는 하나님이 존재한다는 것을 누가 그 아이에게 가르쳐주었는가? 아이의 부모는 딸의 아름다운 죽음을 보고 하나님을 믿게 되었다."

빌리 그래함처럼 무디는 모든 사람에 대한 하나님의 사랑을 크게 강조하였다. 여기에 무디의 가장 인상 깊은 경험 중의 하나가 있다. "우리가 이전에 시카고에서 예배당을 건립하고 있었을 때, 어떤 사업가가 나에게 '제가 건물의 벽면에 성경 구절을 써넣고 싶습니다' 고 말했다. 나는 그가 정교한 프레스코 화법으로 구절을 쓰려 한다고 생각했다. 그러나 나는 곧 가스공이 설교단 뒤에서 일하고 있는 것을 발견했다. 나는 '당신은 무엇을 하고 있습니까?'라고 물었다. 그는 '가스 불꽃을 넣고 있어요' 라고 대답했다. 우리 예배당은 가스등으로 밝혀지도록 설계되었다. 그리고 놀랍게도 교회에 불을 밝히게 되면 '하나님은 사랑이시다' 라는 성경 구절이 빛나도록, 그는 가스 분출을 이용하여 그 글귀를 새겨놓고 있었다.

어느 날 밤, 한 남자가 예배당 앞을 지나가다가 가스불로 밝혀진 '하나님은 사랑이시다' 라는 구절을 보았다. 그는 '하나님은 사랑이시다, 하나님은 사랑이시다' 라고 혼자 중얼거렸다. 잠시 후에 그는 다시 돌아와서는, 그것을 또 한 번 쳐다보았다. 나는 그가 예배당에 들어와서 문 옆에 앉는 것을 보았다. 곧 그는 손으로 얼굴을 감쌌고, 잠시 후에 나는 그의 뺨을 타고 내리는 눈물을 보았는데, 어리석게도 그 눈물이 나의 설교 때문인 줄 알았다.

예배 후에 나는 그에게로 가서 '무슨 문제가 있습니까?' 라고 물었다. '나도 모르겠습니다.' '설교 내용 중에 당신을 울게 만드는 것이 있었습니까?' '나는 목사님이 설교하셨다는 것을 알지 못합니다.' '그래요, 그러면 당신을 고통스럽게 만든 것이 무엇입니까? 그것이 찬송가 가사 속에 있었습니까?' '나는 찬송가에 대해서 아무것도 모릅니다.' '그래요, 그러면 도대체 무엇이 문제입니까?' 라고 물었다. '저 위에 있는 성경 구절입니다' 라고 그가 대답했다. '형제여, 당신은 하나님이 당신을 사랑하신다는 것을 믿습니까?' '나는 사랑받을 가치가 없는 사람입니다.' '그것은 사실입니다. 그러나 하나님은 그러한 점 때문에 더욱 더 당신을 사랑하십니다' 라고 말했다. 그리고 나서 나는 거기에 30분 간 앉아 있었는데, 하나님의 사랑의 진리가 그의 영혼을 밝게 하였고, 그는 새 사람이 되었다."

IV. 효과적인 예화는 비유와 대조를 사용한다

비유와 대조. 무디는 대조를 능숙하게 사용함으로써 흥미를 끄는 예화들을 사용하는 데 대가였다. 양과 목자에 관한 이야기가 있다. "영국에 사는 한 숙녀가 말을 타기 위하여 밖으로 나갔을 때 양치기 개로 양을 몰고 있는 목자를 보았다. 양들이 물웅덩이에서 물을 마시기 위해 멈추면, 그는 개를 시켜 양들을 몰아내곤 했다. 그녀는 놀라 '오, 잔인한 사람!' 이라고 혼잣말을 했다. 잠시 후에 목자가 아름다운 공원에 도착해서 커다란 철문을 열고는, 무률 높이의 맛있고 신선한 물 웅덩이가 있고, 공원을 통과하여 오른쪽으로 흐르는 아름다운 강이 있는 곳으로 양들을 들어가게 했다. 그때 그녀는 '그는 결코 잔인한 목자가 아니다. 그는 위험이 도사리고 있는 길가에서 양들이 먹고 마시는 것을 원하지 않았다. 그는 단지 양들을 보다 좋은 곳으로 인도하려고 노력할 뿐이었다' 라고 말했다."

V. 효과적인 예화는 동적인 심상(dynamic imagery)을 사용한다_____ 영상들을 만들라. 무디는 "나는 술에 취해 있는 두 남자에 관한 이야기를 들은 적이 있다. 그들은 한밤중에 그들의 보트가 묶여 있는 장소에 도착하였다. 그들은 집으로 돌아가고 싶었으므로 배에 올라타서는 노를 젓기 시작했다. 왜 건너편에 도달하지 못하는가를 의아해하면서, 그들은 밤새도록 열심히 노를 저었다. 어슴푸레한 여명이 밝아왔을 때, 보라! 그들은 배를 잡아매었던 줄을 풀지도 않았고 닻을 올리지도 않았다! 그것이 바로 하늘나라에 들어가려고 노력하는 많은 사람들이 하는 행동이다. 그들은 이 세상에 매여 있기 때문에 믿을 수가 없다. 줄을 잘라라! 여러분의 죄를 고백하고 버려라! 줄을 잘라라! 여러분 스스로가 마음을 무겁게 하는 세속적인 일들로부터 벗어나라. 그러면 곧 하늘나라를 향하여 나아가게 될 것이다."

긍정적인 예들의 힘

예화를 선택하고 이용하는 것에 관하여 논의될 수 있는 많은 다른 문제들이 있다. 나는 이러한 문제들을 핵심 문제라고 생각한다. 당신은 내가 구체적인 예들, 인간의 흥미를 끄는 이야기들, 그리고 청중의 마음속에 영상을 만들어내는 것의 중요성을 필요 이상으로 설명했다고 느낄 수도 있다. 그것을 하려고 시도해보고 무슨 일이 일어나는가를 관찰해보라. 하나님 안에서 올바른 일을 행하는 사람들에 관한 이야기를 우선적으로 강조하라.

로버트 슐러(Robert Schuller)는 노먼 빈센트 필(Norman Vincent Peale)로부터 긍정적인 사고의 힘을 배웠다. 나는 우리의 설교가 필의 설교처럼 완전히 사례 연구 그 자체가 되는 것에 찬성하지는 않는다. 그러나 필을 매우 호소력 있게 만든 것이 이러한 요인이었다는 것을 깨닫는 것이 중요하다. 사람들은 필이 그들에게 하기를 권고했던 것이 무엇인지를 이해했다. 그들은 자신들의 마음속에 그것을 하는 방법에 관한 영상들을 만들어냈다. 그것이 우리가 놓치지 말아야 할 점이다.

처음으로 빌 고써드(Bill Gothard)가 '기본적인 젊은이들의 갈등'을 주제로 강연하는 것을 들었을 때, 나는 그가 긍정적인 사례 연구를 계속적으로 사용하는 것에 충격을 받았다. 나는 제임스 돕슨(James Dobson)을 특징적으로 그려낸 일련의 영화같았던 그의 강의를 생생하게 기억한다. 그의 각각의 강연은 구체적인 사례 연구들로 채워졌다. 그의 연설에 귀기울이지 않는다는 것은 불가능하였다. 우리는 그런 사람들은 설교자가 아니라고 말할지도 모른다. 그것은 사실이다. 그러나 우리 설교자들이 성령 안에서 우리가 옹호하는 것들을 행하는 사람들에 관한 사례 연구를 통하여 성경적인 설교를 적용하는 중요성을 그들로부터 배울 수는 없을까?

나는 부정적인 면의 중요성을 소홀히하는 것을 원하지 않는다. 성경은 긍정적인 예들과 훈계하는 구절들의 좋은 대조를 보여주고 있다. 고린도전서 10장 1-13절에서, 사도 바울은 부정적인 예들인 광범위한 구약의 이미지들을 나열하였다. 6절에서, 그는 이러한 이미지들이 그들이 행했던 대로 행하지 말라는 경고라는 것을 우리에게 상기시켜준다. 그 구절을 히브리서 11장과 대조해보면, 믿음 안에서 올바른 일을 행하는 사람들에 관한 긴 긍정적인 이미지들을 보게 될 것이다. 마찬가지로, 우리는 부정적인 이미지들과 긍정적인 이미지들의 균형을 맞추어야 한다. 그러나 동시대의 삶에서와 마찬가지로 성경 속에서 긍정적인 것들을 강조하자. 성경에서의 부정적인 것들은 고린도전서 10장 13절에서 나타난 것과 같이 그것의 의도 속에 긍정적인 대안의 실천을 포함하고 있다.

성경은 근본적으로 사례사에 관한 책이다. 많은 부정적인 것들이 있는 반면에, 그것을 물리치는 힘은 신앙인들이 하나님의 뜻에 합당하게 행함으로써 하나님께 순종하는 것이다. 시편과 지혜 문학까지도 이미지들로 가득 채워져 있다. 시편 18편 19절에서, 다윗은 신앙으로 벽을 뛰어넘었다. 잠언 22장 13절과 26장 13절에서, 솔로몬은 사자를 만날까봐 두려워서 길거리로 나가기를 거부하는 게으른 자에 관하여 말하였다. 사복음서와 사도행전의 이야기들이 신약의 반을 훨씬 넘게 차지하고 있다. 대부분의 다른 예언적인 글에서와 마찬가지로, 요한계시록도 강렬한 상(imagery)들로 가득 채워졌다는 것을 누가 부정할 수 있겠는가?

만일 당신이 사도들의 서신으로부터 구체적인 이미지들과 적용적인 사례들을 끄집어내었다면, 당신은 생기 넘치고 설득력 있는 그러한 위대한 철자들을 전리품으로 얻었을지도 모른다. 바울과 야고보는 그들의 주장을 설명하고, 비교하고, 대조하기 위하여 구약의 예들을 끊임없이 인용한다. 히브리서의 저자는 그의 편지를 예수 그리스도, 천사들, 멜기세덱, 살렘 왕, 그리고 다른 성인들에 관한 생생한 소개로 가득 채우고 있다. 12장에서, 그는 만일 우리가 신앙으로 살지 못한다면 세속적인 에서와 같이 될 수도 있다고 주장함으로서 자신의 주요 요지를 납득시킨다. 예수님의 설교는 생생한 이미지들을 가지고 마음속으로 파고든다. 산상 설교로부터 이러한 상들을 취한다면, 그것은 명백한 개요가 될 것이다.

우리 주 예수 그리스도의 복음은 감정을 불러일으키는 사건의 구체적인 예다. 역사 속에서 특별한 사건은 인간 운명의 행로를 바꾸어놓았다. 나는 종종 카톨릭 신부들이 예수님을 못 박히신 십자가 위에 그대로 남겨 두기로 했다면, 그것은 그 이미지가 지닌 강력한 감정적인 충격 때문이 아닐까 생각했다. 나는 부활하신 예수님과 텅 빈 무덤의 이미지를 더 좋아한다. 나의 요지는 단순하다. 만일 이러한 이미지들이 없었다면 기독교 신앙은 전달될 수 없다는 것이다.

예화들의 자료

예화들은 어디에나 있다. 우리들 대부분에게 있어서 문제는 우리가 그것들을 필요로할 때, 이용할 수 있도록 파일 속으로 그 예화들을 집어넣는 것이다. 전에는 3×5 사이즈 카드 파일이 최신이었다. 오늘날은 전자식 데이터 베이스가 최신이다. 본문 편집을 가능하게 하는 OCR(광학 문자 판독) 소프트웨어를 갖춘 스캐너가 필수적이다. 열심히 입력시켜라. 파일 속으로 들어가야만 되는 주제의 자료로 사용하고 싶은 페이지에 포스트잇을 붙여 표시하라. 만일 당신이 전문적인 도움을 얻을 수 있다면, 그 페이지를 자세히 조사하고 편집한 후에 당신의 데이터 베이스 속으로 입력하라. 당신이 전문적인 도움을 얻지 못한다면, 이러한 주요 임무를 수행할 지원자를 훈련시켜라. 당신은 아마도 이러한 일을 할 시간이 없을 것이다. 현명하고 섬세하게 일을 하라. 체계를 잡아서 정기적으로 계속해서 첨가시켜라. 그것을 쌓아두지 말라.

이러한 자료의 모범이 되는 두 개의 예화 책들이 있다. 첫번째로, 마이클 그린(Michael P. Green)의 「성경적인 설교를 위한 예화집(Illustrations for Biblical

Preaching)」을 꼽을 수 있다. 그린의 책은 예화들을 쓰고 주제들을 정하는 방법에 관한 훌륭한 모델이다. 이 책은 또한 전자 형태로 이용할 수 있다.³ 크레이그 브라이언 라슨(Craig Brian Larson)의 「우수한 신문, 잡지로부터 발췌된 설교와 가르침을 위한 예화집(Illustrations for Preaching & Teaching From Leadership Journal)」은 예화들을 편집하는 방법에 관한 훌륭한 모델이다.⁴

요즘 세상에서 예화들을 찾을 수 있는 가장 중요한 장소는 인터넷이다. 인터넷에는 많은 자료들이 있고, 더 많은 것들이 정기적으로 첨가되고 있다. 인터넷 샵에서 신문과 잡지를 읽는 것을 배워라. 당신에게 흥미 있는 기사가 워드 프로세서 속으로 직접 저장될 것이다. 이것은 설교나 데이터 베이스로의 전이를 훨씬 더 쉽게 만든다.

행복한 탐색! 보다 행복한 발견!

빼앗기보다는 지원하기

이번 장의 제목으로 돌아가보자. 내가 나 자신의 사역과 다른 사람들의 사역에서 지적해왔던 문제들 중의 하나는, 적절한 예화들의 부족이었다. 내가 이것에 관하여 다른 설교자들에게 물었을 때, 그들은 "나는 다양한 예화를 찾을 수가 없어서 그것을 이용할 수가 없습니다"라고 말했다. 나는 "예화가 적절하지 않다는 것을 알고 있었으나, 그것이 내가 찾을 수 있는 전부였다"고 하는 말을 들은 적도 있었다.

우리 대부분은 예화에 의해서 설교를 명확하게 할 필요가 있다는 것을 알

---

3. Michael P. Green, ed., Illustrations for Biblical Preaching, (Gran Rapids: Baker, 1982).
4. Craig Brian Larsen, Illustrations for Preaching and Teaching From Leadership Journal (Grand Rapids: Baker, 1993).

고 있다. 우리가 예증해야 할 필요가 있을 때 하지 않는 것은 흥미를 빼앗아버리고 설교를 지루하게 만든다. 적절한 예화를 찾을 수 없기 때문에 잘못된 예화를 사용하는 것은 명료성을 빼앗아버린다. 해결책은 체계화하는 것이다. 예화들을 모아서 철하라. 다른 설교자들과 예화철을 교환하는 것을 생각해보라. 인터넷을 이용하라. 로빈슨이 'A' 등급을 매길 설교는 중심 사상을 입증하면서 적절하게 예증된 것이어야 한다.

심화 학습

개념 이해하기
1. 이 장의 주제는 무엇인가?
2. 이 장은 주제에 관하여 무엇을 이야기하고 있는가?

개념 적용하기
1. 예화를 사용하는 데 주요한 요소는 무엇인가?
2. 개념의 전달과 전개에 있어서 예화들은 어떠한 역할을 해야만 하는가?
3. 예화를 들 때 청중의 마음속에 심상을 설정하는 것이 그렇게 중요한 이유는 무엇인가?

추천 도서

Chapell, Bryan. Using Illusrtations to Preach with Power. Grand Rapids: Zondervan, 1992.

Deffmer, Don. The Real Word for the Real World: Applying the Word to the Needs of People. St. Louis: Concordia, 1977.

스콧 M. 깁슨(Scott M. Gibson)

달라스 신학교의 목회 신학과 부교수이자 목회학 박사 과정의 책임자이다. 그는 커뮤니케이션과 설교를 가르치고 있다. 그는 텍사스 주, 인디애나 주, 미시간 주에서 10년 동안 목회를 하였다. 그는 달라스 신학교에서 석사학위(Th. M.)를, 그리고 퍼듀 대학교에서 커뮤니케이션 전공으로 철학 박사학위(Ph. D.)를 받았다.

철학 vs 방법

중심 사상 설교의 적응성

스콧 M. 깁슨(Scott M. Gibson)

강해설교는 그 상황 속에 주어진 성경 구절에 관한 역사적, 문법적 그리고 문학적 연구로부터 이끌려 나오고, 그것들을 통하여 전달되어지는 성경적 개념의 전달이다. 성경은 그 개념을 우선적으로 설교자의 인격과 경험에 적용하고, 그리고 나서 그를 통하여 청중들에게 적용한다.[1]

이 책은 설교, 즉 훌륭하고 명확한 성경적 설교에 관한 책이다. 이 책에 나오는 모든 저자들은 단일한 지배적 개념의 설명, 해석 또는 적용이 성경의 한 구절 혹은 여러 구절로부터 끌어내어지는 것이 중요하다고 생각한다. 이것이 '중심 사상' 설교이다.

전술한 글들을 읽음으로서, 우리는 단일 개념 지향적 설교의 자유로운 응용성과 적응성을 발견하게 된다. 로빈슨이 주장한 바에 따른 위의 정의에서와 같이, 개념은 성도들에게 성경적 개념을 전달하는 것이다. 이러한 개념은 사려 깊은 개인적인 숙고와 적용 속에서 검토되어진 신중한 연구로부터

---

1. Haddon W. Robinson, Biblical Preaching: The Development and Delivery of Expository Messages(Grand Rapids: Baker, 1980), 30.

이해된 후에 특정한 청중에게 적용되는 것이다.

정의한 바와 같이, 이 책은 철학적인 기초에 관한 토론으로 시작하였다. 중심 사상 설교는 수사학 이론과 견고한 복음주의적 해석학과 결합되어진 실행에 관한 오랜 기간 수용되어져온 전략 위에 확정되어졌다. 그 결과는 명확성이다. 본문에 관한 단일 개념은 설교자가 이해하고 있는 청중에게 전달된다. 개념은 설교자의 인식, 평가 그리고 청중에 관한 이해를 통하여 고대 세계로부터 현대 세계까지 전달되어졌다. 효과적인 설교도 이와 같다. 즉 그것은 명확하고 그리고 관련을 맺고 있다.

그러나 중심 사상 설교자가 다뤄야만 하는 문제들이 있다. 이것이 이 책의 나머지 부분에서 명시된다. 하나의 도전 과제는 장르에 관한 성경의 이용에서 발견된다. 구약과 신약은 개념을 찾는 일에 대하여 문제들을 제기하는 다양한 장르를 포함하고 있다. 마찬가지로, 설교자는 아마도 동등한 비중의 도전 과제 - 자신이 처해 있는 문화를 해석하는 것 - 에 직면할 것이다. 신뢰할 수 있는 해석자는 성경과 문화를 이해한다. 진리는 사람들을 지적으로나 정서적으로 자극하기 때문에, 이것이 성경적이고 신학적인 현실이다. 설교자로서 우리의 목표는 지성과 감정을 자극하는 것이다.

설교자가 청중과 관련을 맺는 또 다른 방법은 성경 저자의 사고의 흐름을 파악하는 것이다. 설교자가 본문과 씨름하면서 성경 저자의 개념들의 진행을 평가하고, 그리고 나서 청중이 가지고 있는 문제들을 이해하게 될 때, 설교자는 설교의 흐름을 결정할 수 있다. 명확한 흐름을 지닌 명확한 개념은 청중들이 그것을 이해하고 적절하게 반응할 수 있게 한다.

반응은 변화를 의미한다. 청중이 개념과 경험이 변화하는 것을 이해할 수 있도록 하는 방법으로 설교자가 본문을 청중에게 연결시킬 때 변화가 발생한다. 개념 전달에 앞서 진행되었던 모든 것 -연구와 청중 분석- 이 현재 설교자의 말씀과 이미지에 나타나는 인격과 경험을 통하여 흘러나온다. 개념은 청중의 지성과 감정에 전달되고 그들은 변화된다.

우리는 삶을 변화시키기 위해서 설교한다. 중심 사상 설교는 설교자와 청중으로 하여금 성경이 그들에게 요구하고 있는 변화에 대하여 명료해질 수 있게 한다. 이 책은 설교자가 그들의 청중이 성경을 이해하고 하나님이 원하는 사람이 되는 것에 도움을 줄 수 있도록 그들이 생각하고 설교하는 데 있어서 명료하게 되는 것을 도우려고 한다.

하나의 개념을 형성하는 것

로빈슨은 하나의 개념을 명확하게 말하는 것은 주제와 보충문을 발견하는 결과로서 이루어진다고 우리에게 가르쳤다. 주제는 '저자가 말하고자 하는 것이 무엇인가?'라는 질문을 던진다. 주제는 누가, 무엇을, 언제, 어디서, 왜, 어떤 것으로, 어떻게라는 질문으로 가장 잘 표현된다. 우리는 창세기 3장 1-6절에 관한 로빈슨의 설교 중 하나인 '유혹에 관한 사례 연구'로부터 개념의 형성에 관하여 배울 수 있다.[2] 그 본문은 다음과 같이 쓰여 있다.

> "여호와 하나님의 지으신 들짐승 중에 뱀이 가장 간교하더라 뱀이 여자에게 물어 가로되 하나님이 참으로 너희더러 동산 모든 나무의 실과를 먹지 말라 하시더냐 여자가 뱀에게 말하되 동산 나무의 실과를 우리가 먹을 수 있으나 동산 중앙에 있는 나무의 실과는 하나님의 말씀에 너희는 먹지도 말고 만지지도 말라 너희가 죽을까 하노라 하셨느니라 뱀이 여자에게 이르되 너희는 결코 죽지 아니하리라 너희가 그것을 먹는 날에는 너희 눈이 밝아 하나님과 같이 되어 선악을 알 줄 하나님이 아심이니라 여자가 그 나무를 본즉 먹음직도 하고 보암직도 하고 지혜롭게 할

---

2. Haddon W. Robinson, ed., Biblical Sermons (Grand Rapids: Baker, 1989), 11-30.

만큼 탐스럽기도 한 나무인지라 여자가 그 실과를 따먹고 자기와 함께 한 남편에게도 주매 그도 먹은지라."

'저자가 말하고자 하는 것은 무엇인가?'라는 문제에 대한 로빈슨의 답변은 주제에 의해서 충족된다.

주제: 사단이 어떠한 방법으로 우리를 시험하는가?

보충문은 주제를 완성한다. 그것은 '저자는 이야기하고 있는 것에 관하여 무엇을 이야기하고 있는가?'라는 질문을 함으로서 문제에 살을 붙인다. 이 사례에서 로빈슨은 두 개의 보충문이 있다는 결론을 내린다.

보충문: 그는 변장한 채로 우리에게 다가와서 하나님에 대한 공격을 퍼붓는다.

그 다음에, 주제와 보충문이 결합하여 하나의 개념이 형성된다. 의문사가 탈락되고 직설법적인 문장이 형성된다. 이것이 때때로 주석 개념이라고 불리는 개념이다. 이 개념은 다음과 같은 방식으로 표현된다.

주제 + 보충문 = 개념
개념: 사단은 변장한 채로 우리에게 다가와서 우리를 시험하고 하나님에 대한 공격을 퍼붓는다.

주석 개념을 공식화한 후에 설교 개념이 만들어진다. 설교 개념은 주석 개념을 간결하게 재진술하는 것이다. 그것은 청중이 이해할 방식으로 개념을 파악함으로서 본문의 의도에 충실하게 된다. 로빈슨은 그의 설교 개념을 다음과 같이 기술한다.

설교 개념: 사단은 우리로 하여금 하나님의 인격을 신뢰하지 않고, 하나님의 말씀을 의심하도록 만들기 위해서 변장한 채로 우리에게 다가온다.

마침내, 설교자는 설교의 목적을 결정한다. 그 목적은 본문의 목적과 일치하고 결과를 위하여 표현된다. "설교를 듣고 난 결과로, 나는 청중들이... 하기를 원한다." 설교자는 청중이 알기를 원하는 것, 얻어진 통찰력, 발전되어진 태도, 혹은 연마되어진 솜씨를 가지고 빈 칸을 채운다. 로빈슨은 이 설교의 목적을 다음과 같이 전개한다.

목적: 이 설교를 들은 결과로서 나는 성도들이 사단의 공격 전략을 파악함으로서 사단에 대항하여 자기 스스로를 방어하는 것에 도움이 되기를 원한다.

'중심 사상' 설교법은 딱딱하지 않고 유연하다. 로빈슨은 우리에게 유연성 있는 방법을 가르쳐준다. 그것은 판에 박힌 설교 방법이 아니다. 그것은 철학적, 신학적으로 견고하고 게다가 실용적이다. 중심 사상 설교는 성경 장르와 접목될 때 설교가 형성되는 방법으로, 그리고 청중과 특정한 경우의 관점에서 적응하는 것이 가능하다.

성경 장르들에 대한 적응성

장르가 역사, 편지, 이야기, 시, 예언이든지 간에 방법은 항상 동일하다. '저자는 무엇에 관하여 이야기하고 있는가?' '저자는 이야기하고 있는 것에 관하여 무엇을 이야기하고 있는가?' 확실히 설교자는 장르들의 뉘앙스를 알 필요가 있다. 브루스 월키(Bruce Waltke)가 3장에서 충고한 바와 같이, 문학적인 자료 비평과 형식 비평 문제들이 성경 구절을 이해하는 방식에 영향을 줄 수도 있다. 그렇지 않다면 그 구절은 미완성이 되거나 또는 더 나아가 자기 해석적인 설교의 부담을 안게 된다.

신중한 연구를 통하여, 설교자는 그 구절의 개념을 결정할 수 있다. 로빈슨은 "설교자는 연구하면서, 주석과 해석 - 문법, 역사, 문학 형태, 본문에 나타나는 사상과 문학적 배경 - 에 전념하게 된다"[3]라고 말한다. 슬프게도, 그는 "주일마다 성경에 대한 높은 관심을 표명하는 설교자들은 그들이 개념을 이해하지 못하거나 혹은 연구하는 데 어려움이 없었던 본문을 설교한다"[4]고 지적하고 있다.

설교자가 장르와 상황을 이해할 필요가 있다는 사실의 예로서, 로빈슨은 생각해볼 본문 성경의 한 구절을 제시한다. 그는 마태복음 18장 19, 20절의 말씀에 근거를 둔 기도에 설교의 핵심이 있다고 본다. "진실로 다시 너희에게 이르노니 너희 중에 두 사람이 땅에서 합심하여 무엇이든지 구하면 하늘에 계신 내 아버지께서 저희를 위하여 이루게 하시리라 두세 사람이 내 이름으로 모인 곳에는 나도 그들 중에 있느니라." 그는 다음과 같이 쓰고 있다.

> 언뜻 보아서, 예수님은 두세 사람에 의해서 행해진 기도를 인정하시고, 만일 그리스도인들이 하나의 기도 사항에 대하여 일치한다면, 어쨌든 그들은 하늘에 계신 아버지께 책임을 지우게 된다는 것을 약속하신다. 만일 그 밖에 다른 어떤 것도 없다면, 우리는 언급된 구절들의 상황을 면밀히 살펴보게 될 것이다. (만일 두세 사람의 그리스도인 달라스 카

---

3. Haddon W. Robinson, "Homiletics and Hermeneutics," in Hermeneutics, Inerrancy and the Bible, ed. Earl D. Radmacher and Robert D. Preus(Grand Rapids: Zondervan/Acadamie, 1984), 804.
4. 같은 책, 805.

우보이 팬들이 앞으로 치뤄질 게임에서 승리하기를 하나님께 구하는 일에 합치하고, 만일 반대 팀의 약간의 그리스도인 팬들이 그 카우보이 팀의 패배를 위해서 기도한다면, 하나님은 어느 팀에 응답을 하셔야만 하는가?)

사실, 여기서 예수님의 말씀은 기도라는 주제와 별로 관계가 없고 오히려 죄를 지은 그리스도인들이 어떻게 회복해야만 하는가와 관계가 있다. 직접적인 문맥에서, '둘 내지 셋'은 소집단의 기도회를 말하는 것이 말하는 것이 아니고, 16절에서 소환된 증인들을 말하는 것이다. "만일 듣지 않거든 한두 사람을 데리고 가서 두세 증인의 입으로 말마다 증참케 하라." 그러므로 예수님이 말씀하신 모든 것은 죄를 범한 사람을 다루는 그리스도인들에게 적용된다. 이 오랜 금언은 '상황이 없는 본문은 구실이 된다'는 것을 우리에게 상기시켜준다. 우리가 개별적인 성경 말씀의 영감을 얻으려고 노력할 때, 때때로 단어들이 단지 '의미하고자 하는 영역에 대한 의미론적인 표시'에 불과하다는 것을 잊어버린다. 특정한 문장들은 그것들이 일부분이거나 우리가 가르친 것이 전혀 하나님의 말씀이 아닐 수도 있다는 보다 광범위한 사고 속에서 이해되어져야 한다.[5]

신중한 연구가 중요하다. 장르와 상황에 관한 이해가 신뢰할 수 있는 설교의 열쇠다. 그러나 장르와 상황에 관한 연구는 노력을 요한다. 우리가 찾아낸 것은 우리가 무슨 장르를 다루든지 간에 우리는 개념을 발견할 수 있다는 것이다. 그리고 본문의 확실한 의미를 전달하는 데 있어서 불변수로서의 역할을 하는 것은 이 개념이다. 다음 단계는 개념을 전달하는 것이다. 우리는 또한 하나의 개념을 전달하는 형태가 다양할 수 있다는 것을 알게 될 것이다.

---

5. 같은 책, 같은 쪽.

설교 형태들에 대한 적응성

설교 형태는 토론될 수 있다. 그러나 내용은 토론의 여지가 없다. 설교의 형태는 다양하다. 그러나 개념은 항상 동일하다. 그러나 너무 오랜 기간 동안 설교 형태는 3개의 항목으로 구성되어져, 그리스·로마의 수사학을 반영하면서 표준화되었다. 이러한 설교는 자주 본문의 형식을 무시한다. 이와 같은 경우들에 있어서, 본문 장르에 관한 이해는 설교자가 설교를 완성하는 데 아무런 의미가 없다. 습관적으로 장르와 상황을 무시하는 설교자들은 본문의 흐름을 무시하면서 동일한 방법으로 그들의 설교를 형성한다. 그러나 이것이 그러한 경우일 필요는 없다. 설교 형태는 본문의 유형과 흐름, 목적 그리고 청중에 따라 달라진다. 로빈슨은 다음과 같이 적고 있다.

> 성경적인 설교는 그것의 중심적인 개념들에 있어서뿐만 아니라 그런 개념들을 전개하는 데 있어서도 성경에 충실해야 한다. 성경에서 시작한 많은 설교들이 구성되는 과정에서 성경에서 벗어나버린다. 설교법들은 가끔 설교자로 하여금 영감을 받은 저자의 생각과는 관계없는 본문에 관해서 생각하도록 부추긴다. 성경에 충실하기 위해서는 설교의 기본 개념을 입증하는 주요한 주장들 또한 그것의 근거가 되는 성경 본문 속으로부터 끌어내어진 것이어야 한다.[6]

프레드 크래독(Fred Craddock)이 말한 바와 같이 "비록 그리스·로마 식의 수사학이 수세기 동안 설교학 분야를 지배했을지라도, 말로 표현하는 유형까지도 설교의 형태로 불리워질 수는 없다. 설교는 형태에 의해서보다는 내용과 목적에 의해서 정의된다는 것이 오늘날까지 정설로 되어 있다."[7]

---

6. 같은 책, 807.
7. Fred B. Craddock, Preaching(Nashville: Abingdon, 1985) 170.

설교 형태는 청중에게 개념을 납득시키는 설교의 필수적인 구성 요소라고 할 수 있다. 중심 사상 설교의 장점은 설교가 어떤 형태를 취하든지 간에 개념은 항상 동일하다는 것이다. 이것은 설교자에게 자유를 준다. 이와 같은 관점에서, 크래독은 다음과 같이 말한다. "그러므로 설교의 형태는 메시지 그 자체의 기초와 바탕에 해당된다고 할 수 있고, 그것에 전혀 어울리지 않는 별개의 자료로부터 생겨나서 메시지 위에 격자로서 놓여진 것은 아니다."[8]

로빈슨은 "성경에 충실하기 위해서는, 설교의 기본 개념을 입증하는 주요한 주장들도 또한 그것이 근거를 둔 성경 본문으로부터 나와야만 한다"라고 기술하고 있다. 설교자는 심리적인 윤곽에 따라서 자료를 재정리할 수도 있으나, "설교자가 추측하는 개요가 무엇이든지 - 그리고 이것은 청중, 연사, 또는 경우에 따라서 다양할 수 있다 - 그것의 내용은 성경 저자의 주장을 반영해야 하고 어느 곳에서나 저자의 사상에 의해서 통제되어야만 한다."[9] 중심 사상 설교는 본문에 근거를 두고 있고, 장르에 민감한 저자의 사상에 의하여 형성된다. 만일 그렇지 않다면, 설교자가 본문의 요지를 빠뜨리거나, 청중이 성경을 오용하게 만들거나, 상투어에 만족하게 하는 위험에 빠질 수 있다.

설교는 여러 형태들을, 즉 연역적, 귀납적, 양자의 혼용을 취할 수 있다. 몇몇 우화들의 경우에 있어서처럼, 본문은 귀납적인 형태를 취할 수 있다. 설교자는 긴장을 유지하면서 저자의 사상을 반영하기 위하여 설교를 귀납적으로 구성할 수 있다. 이것은 특별히 청중이 주어진 본문을 잘 알고 있을 때에 해당된다고 할 수 있다. 귀납법은 아마도 그들이 전에 그것을 몇 번이고 들었기 때문에, 그들에게 접근하는 가장 훌륭한 방법일 것이다. 크래독

---

8. 같은 책, 189.
9. Robinson, "Homiletics and Hermeneutics," 807.

은 설교를 본문이 전해야만 하는 것을 '몰래 엿듣는 것'이라는 식으로 표현한다.[10]

설교 형태로서 이야기체 설교는 중심 사상을 표현하고 그것을 다른 식으로 듣는 창조적인 방법을 보여줄 수 있다. 내 학생 중 한 명이 누가복음 1장에 나오는 마리아에 관한 이야기를 하였다. 그 여학생은 마치 자신이 마리아인 것처럼 1인칭으로 이야기하였고, 끝 무렵에 우리에게 설교 개념을 제시하였다. "하나님은 엄청난 일들을 하시기 위해 평범한 사람들을 선택하신다." 형태는 이야기/귀납적이다. 단일 개념이 명확히 표현되어졌다. 그리고 장르 그 자체가 이야기체이기 때문에 설교는 성공적이었다.

설교는 인내를 요하는 고된 작업이다. 그것은 본문과 그것의 상황에 대한 연구와 신중한 분석을 요구한다. 중심 사상 설교는 성경의 여러 장르에 조화될 수 있는데, 그것이 형성되는 방식에 있어서 유연성이 있다. 설교 형태는 본문의 의도를 전달하는 데 도움이 된다. 그러나 설교 형태에 가장 큰 영향을 미치는 요소 중의 하나는 청중이다.

청중에 대한 적응성

중심 사상 설교는 초점을 제공한다. 설교자와 청중은 본문의 개념을 통해 명확하게 이해하게 된다. 이것뿐만 아니라 우리는 성경 저자가 목적을 가지고 기술하였다는 것을 발견하게 된다. "성실한 주해와 철저한 해석으로부터 구성된 설교는 또한 그것의 목적에서 성경에 충실할 것이고, 그 목적은 진리가 이루려고 하는 것을 묘사한다."[11] 성경 저자는 특별한 청중을 염두에

---

10. Fred B. Craddock, Overhearing the Gospel: Preaching and Teaching the Faith to Persons who Have Heard It All Before (Nashville: Abingdon, 1978).
11. Robinson, "Homiletics and Hermeneutics, 808.

두었다. 설교자에게 있어서의 도전 과제는 저자의 목적을 이해하고, 그리고 청중에 대한 설교의 목적을 결정하는 것이다. 일단 이것이 이루어진다면, 설교는 이루어질 수 있다.

단일 개념 설교의 초점은 설교자가 어떻게 본문이 특정한 청중에게 적용되어질 수 있는지를 묻는다. 이 개념은 어떻게 그것을 듣는 사람의 주의를 끌 것인가? 로빈슨은 "진리가 한 사람의 개인적인 사정에 대해 언급할 때 가장 효과적으로 경험되어진다"[12]라고 기술하고 있다. 이것에 도달하는 한 가지 방법은 우리가 설교를 준비할 때 우리의 책상 주변에 3명 내지 5명의 성도가 앉아 있다고 상상하는 것이다. 각 사람이 주어진 본문에 관하여 질문할지도 모를 문제들에 관하여 생각해보라. 우리의 어깨 너머로 보고 있는 것처럼 보이는 사람들과 더불어, 우리는 곧 일반적인 것에서 특별한 것으로 나아가게 될 것이다. 우리는 하나의 개념을 적용하는 데 관점을 맞출 것이다.

중심 사상 설교는 적용에 도움이 될 뿐만 아니라 청중의 이해에 민감하다. 많은 목록들, 파악하기 어려운 요지들, 그리고 하위 요지들을 너무 자세히 다루게 되면 청중들을 당황하게 만들 수 있다. 중심 사상 설교는 극단적으로 단순화시킨 것이 아니다. 그것은 명료하다. 아이들도 이해하고, 십대도 그 개념을 이해할 것이다. 어른들 역시 우리의 명료성에 대해 감사할 것이다.

우리가 발견한 것은 중심 사상 설교는 뛰어난 명료성을 가지고 청중과 특정한 경우에 적응하는 잠재력을 가지고 있다는 것이다. 그것은 설교자가 청중을 이해하게 하고, 또한 그것은 이해되어질 수 있기 때문에 청중에 대한 명확한 적용과 관계성을 허용한다.

---

12. Haddon W. Robinson, "Preaching to Everyone in Particular: How to Scratch Where People Niche," Leadership 15, no. 4(Fall 1994): 100.

결론

이 책은 훌륭하고, 명료한 성경적인 설교에 관한 책이다. 하나의 개념을 본문으로부터 발견하는 방법은 다양한 성경의 장르에서 이용될 수 있다. 중심 사상 설교는 설교 형태의 융통성을 허용하고, 그리고 청중의 욕구에 민감하다. 이 방법은 훌륭하고 명료한 성경적 설교와 관련된다.

로빈슨은 그의 청중들에게 그리고 그가 가르쳤던 사람들을 통하여 성경의 메시지를 명료하게 만들기 위해 노력해왔다. 중심 사상 설교가 바로 그것이다. 그것은 청중에게 명료한 방법으로 본문에 내포되어 있는 중심 사상을 전달한다. 일단 청중이 성경을 이해하기만 하면, 그들의 삶은 결코 전과 같지 않을 것이다. 설교에 관계된 모든 것은 하나님의 영광을 위한 것이다.

심화 학습

개념 이해하기
1. 이 장의 주제는 무엇인가?
2. 이 장은 주제에 관하여 무엇을 이야기하고 있는가?

개념 적용하기
1. '중심 사상' 설교의 중요한 특징들은 무엇인가?
2. 당신이 중심 사상 설교를 하려고 할 때 직면하는 과제들은 무엇인가?
3. 당신은 어떠한 설교 형태에 가장 편안함을 느끼는가? 이유는 무엇인가? 당신이 다른 설교 형태들을 시도할 때 당신은 어떻게 전력을 다하는가?

추천 도서

Craddock, Fred B. Overhearing the Gospel: Preaching and Teaching the Faith to Persons Who Have Heard It all Before. Nashville: Abingdon, 1978.

Robinson, Haddon W. Biblical Preaching. Grand Rapids: Baker, 1980.

―. "Homiletics and Hermeneutics." In Hermeneutics, Inerrancy and the Bible, ed. Earl D. Radmacher and Robert D. Preus. Grand Rapids: Zondervan/Acadamie, 1984.

―. "Preaching to Everyone in Particular: How to Scratch Where People Niche." Leadership 15, no. 4(fall 1994): pp. 99-103.

―. "What is Expository Preaching?" In Bibliotheca Sacra 131: 521(January 1974): pp. 55-60.

빅 아이디어 설교

1쇄 인쇄 • 2002년 12월 20일
1쇄 발행 • 2002년 12월 25일

지 은 이 • 키이스 윌하이트 & 스콧 깁슨 外
옮 긴 이 • 이 용 주
발 행 인 • 양 승 헌
발 행 처 • 도서출판 디모데/파이디온 선교회 출판 사역 기관
등   록 • 1998년 1월 22일 제17-164호
주   소 • 서울 동작구 사당동 1045-10
           전화 586-0872~4 팩스 522-0875

Copyright ⓒ 도서출판 디모데 1999 〈Printed in Korea〉

값 7,000원